大展好書　好書大展
品嘗好書　冠群可期

大展好書　好書大展

品嘗好書　冠群可期

▶ 輕鬆學武術 9 ◀

簡化太極拳
分解教學 24 式
（附 DVD）

合肥市武術協會　主編
張薇薇　編寫
張薇薇　演練

大展出版社有限公司

國家圖書館出版品預行編目資料

簡化太極拳分解教學24式(附DVD) / 張薇薇 編寫‧演練
- 初版 - 臺北市：大展‧民 101.03
面；21 公分 - (輕鬆學武術；9)
ISBN 978-957-468-859-3 (平裝；附影音光碟)
1.太極拳
528.972   100025847

簡化太極拳分解教學 24 式(附 DVD)

編　　寫／張　薇　薇
主　　編／合肥市武術協會
責任編輯／徐　浩　瀚
發 行 人／蔡　森　明
出 版 者／大展出版社有限公司
社　　址／台北市北投區（石牌）致遠一路 2 段 12 巷 1 號
電　　話／(02) 28236031‧28236033‧28233123
傳　　真／(02) 28272069
郵政劃撥／01669551
網　　址／www.dah-jaan.com.tw
E - m a i l ／service@dah-jaan.com.tw
登 記 證／局版臺業字第 2171 號
承 印 者／傳興印刷有限公司
裝　　訂／眾友企業公司
排 版 者／弘益電腦排版有限公司
初版1刷／2012 年（民 101） 2 月
初版2刷／2019 年（民 108） 11 月　　　　　　定價／280 元

出版說明

簡化太極拳（又稱 24 式太極拳）是國家體委運動司於 1956 年在楊式太極拳的基礎上改編而成的，是便於初學者學練的好套路，深受廣大武術愛好者的喜愛。

合肥市武術協會在開展群眾性武術健身活動中做出了卓著的成績，教練員們在吃透套路，言傳身教，探索改進教學方法方面，積累了豐富的經驗，特別是對分解教學的具體實踐有所發展，有所前進。與此同時，現代電子排版製圖技術開始應用於圖書印製工藝，爲改進武術教材的圖片水準和合理版式提供改革創新的有利條件。這就使我們萌生了組織編寫出版這套新型的武術教材的思路。

《簡化太極拳分解教學》是作者參照傳統楊式太極拳功理功法，結合在簡化太極拳的教學實踐中的經驗編寫的。書中對每個定式動作進行了精當的分解，每個分解動作配置有準確而清晰的照片；凡下盤有移動處還加附步法方位示意圖；所有解說文字都按「運動過程、動作要點、注意事項（易出偏差、糾正方法）、呼吸、攻防」的順序詳加講解，易學易記，一目了然。

鑒於太極拳運動愛好者往往從學習簡化太極拳開始，所以本書在附錄中向初學者提供一些有關太極拳

練功前熱身運動、太極拳訓練的基本技術和要求等方面的常識性學習材料。掌握這些基本知識，對於學習任何太極拳套路都是十分有益的。希望本書在當前進一步開展群眾性武術健身活動中發揮應有的作用。

安徽科學技術出版社

作者、演練人簡介

張薇薇，女，出生於 1957 年，漢族。自幼隨父張品元，母徐淑貞習武。少年時代多次參加武術表演比賽，1996 年在安徽省太極拳、劍錦標賽獲女子乙組 42式太極劍第一名，42 式太極拳第一名。

2001 年 3 月在首屆世界太極拳健康大賽獲 24 式太極拳一等獎，孔氏太極拳二等獎；1999 年被合肥市人民政府評爲群眾體育先進個人稱號；1998 年在安徽省太極拳、木蘭劍（扇）錦標賽擔任裁判工作；1990 年在安徽省太極拳（劍）錦標賽擔任裁判工作；2001 年在安徽省太極拳、劍及木蘭系列比賽中擔任裁判工作；2002 年在廬山舉辦的全國武術木蘭比賽中擔任裁判工作；2003 年在安徽省太極拳、劍及木蘭系列比賽中擔任裁判工作；2004 年在合肥市第八屆運動會武術比賽中擔任裁判工作；2004 年在安徽省第一屆體育大會暨全省太極拳（劍）木蘭系列比賽中擔任副裁判長；2005 年在安徽省太極拳、劍及木蘭系列比賽中擔任副裁判長；2005 年在安徽省首屆傳統武術比賽中擔任裁判工作；2005 年 5 月作爲安徽省領隊帶隊參加全國武術太極錦標賽並取得優異成績；2006 年在合肥市舉辦的安徽省太極拳、劍及木蘭系列比賽中擔任仲裁委員會副主任；2007～2008 連續兩年在安徽省舉辦的太極拳、劍及木蘭系列比賽中擔任裁判長；2007 年在

江蘇太倉，2008年在浙江德清舉辦的全國木蘭系列比賽中擔任裁判工作；2007～2008連續兩年在合肥市舉辦的傳統武術比賽中擔任總裁判長；2008年在合肥市第九屆運動會武術比賽中擔任總裁判長工作；2006年至2008年作爲合肥市武術段位評審委員會成員參加段位評審工作；2006年至2008年連續三年在中國香港國際武術比賽中擔任裁判工作；2007年被評爲武術七段。

1986年擔任合肥市武術協會領導工作，多次組織協調合肥市及安徽省運動會開幕式大型武術表演。2006年武術協會改選，再次當選合肥市武協副主席兼副秘書長主持日常工作，參與合肥市武術協會主編多部武術專著的編寫工作及演練動作照片拍攝。擔任合肥市英傑文武學校常務副校長。

前　言

　　中華武術歷史悠久，源遠流長，博大精深，浩如煙海。在數千年中華民族的文明史中，中華武術在增強國民體質、防身健體、振奮民族精神方面起著重要作用，是我國寶貴的民族文化遺產。

　　太極拳是以太極原理立論的武術主要拳種之一。最早傳習於河南溫縣陳家溝陳王廷。他綜合了各家拳術之長，以戚繼光《拳經》爲基礎，博取了古代導引吐納術，以意行氣、以氣健身的方法，同時還採納了古代陰陽學說和中醫經絡學說，使拳理與哲學、醫學相結合，進一步創新和發展了太極拳運動。

　　太極拳在長期流傳中，逐步形成有陳式、楊式、吳式、武式、孫式各流派。各流派的太極拳雖然風格各異，但基本要領均相同，都要求：靜心用意，氣沉丹田，呼吸自然，中正安舒，柔和緩慢，連貫協調，虛實分明，輕靈沉著，剛柔相濟，圓活穩健，動作處處走弧線，以腹式呼吸爲主。在技法上主張避實就虛，以逸待勞，以靜制動，常常是借力打力，後發先至，有「四兩撥千斤」之奧妙。

　　中華人民共和國建立以後，黨和政府十分重視武術運動的發展，自 1953 年起組織力量相繼編寫了 24 式太極拳、48 式太極拳、88 式太極拳和 32 式太極劍等套路；1988 年起，爲了適應國內外武術競賽的需

要，國家體委武術研究院組織編寫了 42 式《太極拳競賽套路》、42 式《太極劍競賽套路》，以及分別具各派風格的陳·楊·吳·孫四式的太極拳競賽套路，使太極拳運動的發展和走向世界，更加規範化、系統化、統一化和科學化。隨著武術運動的普及和發展，作為武術運動主要拳種之一的太極拳，越來越受到人們的青睞，人們不斷地從練習太極拳的實踐中受到益處，嘗到了甜頭。它不僅能夠鍛鍊身體，增強體質；同時能陶冶性情，培養堅韌頑強、勇敢奮進的意志；還可以豐富群眾的文化生活，給人以美的享受。

合肥市武術協會成立於 1979 年，歷經 20 年的發展壯大，成為省內先進的武術協會之一，多次受到省體委的表彰。下屬的武術輔導站已由初期的幾個點發展到 50 多個教學點，參加活動的人數由初期的近百人發展到現在的近萬人次。在普及太極拳的教學與輔導過程中，我們培養出一大批德、技兼備的優秀輔導員、教練員和運動員，在國際、國內和全省太極拳比賽中屢有令人矚目的成績，並且為合肥市人民健身活動作出了貢獻。

為了全面總結我們在太極拳（劍）教學中積累的成功經驗和有效的教學方法，以便更加規範我們的教學內容，進一步提高教練員水準，並給廣大太極拳愛好者提供在課外復習和自修的翔實而有針對性的輔導材料，我們下決心編好這套既準確實用又易學易記的武術教材。

這套教材在嚴格遵照國家體委中國武術研究院編寫的各式太極拳（劍）套路規定要求的前提下，充分

吸收我們在群眾性教學中，對各定式的最明確的分解和最有效的教授方法，將解說內容分項逐條解說清楚。

爲了給讀者提供最眞實生動的形體變化示範，我們組織在這些套路的全國性比賽中的優勝者擔任演練員，爲每一分解動作配置了生動的照片；並運用現代電腦製版技術將照片與表示動作運行方向的弧線結合起來。又考慮到下盤的準確移動是全身運轉正確、分清虛實的根基，很多分解動作還配置了兩足位置和移動變換的示意圖，爲讀者自行琢磨糾偏提供了指導。

爲了確保這套叢書的編寫品質，合肥市武協組織富有武術理論和教學經驗，並且有較好文字表達能力的教練員組成本叢書的編審委員會。編審委員會成員有：徐淑貞（主編），吳兆祥、吳丹江（副主編），張自山、張家本、張薇薇、熊人澤、王信和、徐少農、常青共9人。由編審委員會確定各分冊的編寫人、演練人，並集體審定文稿和圖片。

限於水準，書中難免有疏漏不到之處，尚望武術同道和廣大讀者不吝指教，以便今後修訂完善。

合肥市武術協會

本書圖例

〔步法方位示意圖〕

⟨ 左足著地

⟨ 右足著地

⟨ 左足掌著地（虛步）

⟨ 右足掌著地（虛步）

∪ 足跟著地

○ 提腿懸足

▲ 丁步，足尖著地，尖頭示足尖方向

△ 收腳不著地，尖頭示足尖方向

∏ 蹬腳，抬腿，力達腳跟，腳尖回勾

↓ ＼ 示擺腳、扣腳或蹍腳方向

〔照　片〕

┈┈▶ 示左足或左手移動路線

───▶ 示右足或右手移動路線

目　錄

本書圖例 …………………………………………… 10

預備式 ……………………………………………… 13

一、起　勢 ………………………………………… 14

二、左右野馬分鬃 ………………………………… 17

三、白鶴亮翅 ……………………………………… 31

四、左右摟膝拗步 ………………………………… 35

五、手揮琵琶 ……………………………………… 50

六、左右倒捲肱 …………………………………… 53

七、左攬雀尾 ……………………………………… 70

八、右攬雀尾 ……………………………………… 81

九、單　鞭 ………………………………………… 92

十、雲　手 ………………………………………… 98

十一、單　鞭 …………………………………… 111

十二、高探馬 …………………………………… 115

十三、右蹬腳 …………………………………… 119

十四、雙峰貫耳 ………………………………… 124

十五、轉身左蹬腳 ……………………………… 127

十六、左下勢獨立 ……………………………… 132

十七、右下勢獨立 ……………………………… 137

十八、左右穿梭 ………………………………… 143

十九、海底針 …………………………………… 153

二十、閃通臂 …………………………………… 157

二一、轉身搬攔錘 ……………………………………… 160

二二、如封似閉 …………………………………………… 167

二三、十字手 ……………………………………………… 171

二四、收　勢 ……………………………………………… 176

附一　練功前熱身運動 ………………………………… 179

附二　太極拳訓練的基本技術和要求 ………………… 185

簡化太極拳分解教學24式

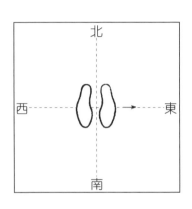

　　兩腳併攏，身體自然直立，頭頸端正，下頦微內收，胸腹舒鬆，肩臂鬆垂，兩手輕貼大腿外側。思想集中，呼吸自然。目平視前方（設定面向正南方）。

　　思想集中，身正體鬆，呼吸自然。

　　【易出偏差】兩腳併攏過緊；膝部僵挺。

　　【糾正方法】兩腳間稍留間隙（約一指寬）；有意識鬆膝。

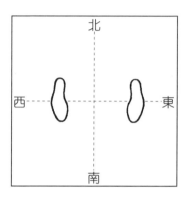

一、起 勢

（一）左腳開步

左腳跟緩緩提起，繼而腳掌提起離開地面，向左橫開步，左腳前掌先著，全腳踏實。兩腳距離與肩同寬，腳尖向前。目平視前方。

開步後，兩腳不可外擺內扣。重心要落於兩腿之間。

【易出偏差】開步時上體右傾；落步時兩腳成外八字或內八字。

【糾正方法】開步時上體保持端正，注意鬆腰鬆胯；以意念控制左腳輕輕起落，落地後不可左右移動（蹍轉或外擺內扣）。

開步為吸氣，落步為呼氣。

一、起　勢
(二)兩臂前舉

　　兩臂緩緩向前平舉，兩手高與肩平，與肩同寬，手心向下。目平視前方。

　　兩臂前舉時應鬆肩垂肘，以肩帶肘，以肘帶手。

　　【易出偏差】兩手臂前舉時，聳肩、直臂、凸腕、垂指。

　　【糾正方法】注意鬆肩垂肘，力達腕與掌背，五指自然伸直舒展。

　　舉臂為吸氣。

　　上體自然正直，兩腿緩緩屈膝半蹲，雙手輕輕下按至腹前，兩肘下垂與兩膝上下相對。目平視前方。

　　兩掌下按時，應鬆腰鬆胯，以肘下垂帶動兩手緩緩下落。

　　【易出偏差】上體前傾，臀後凸；屈膝與按掌不一致。

　　【糾正方法】屈膝按掌時，要做到身體正直，意識支配鬆腰收胯斂臀；按掌與屈蹲同時完成。

　　兩掌下按為呼氣。

　　【攻防含義】設對方用雙掌向我胸部擊來，我屈蹲按掌，將其按下。

二、左右野馬分鬃

(一)體微右轉

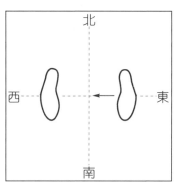

上體微向右轉（約 30°），重心偏於右腿。右臂微內收；左手向右下畫弧。目視右前方。

右轉時，上體要端正，轉體與兩臂內收畫弧應協調一致。

【易出偏差】出現扭身、歪胯。

【糾正方法】意識引導腰胯脊椎向右平轉。

二、左右野馬分鬃

(二)丁步抱球

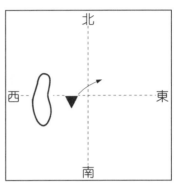

　　重心移至右腿；左腳收至右腳內側（距離約 10 公分），腳尖點地。同時右臂屈收於胸前平抱（相距約 20 公分），手心向下；左手畫弧至右腹前，手心向上；兩手心相對成抱球狀。目視右手。

　　兩手抱球時，上體保持端正，沉肩垂肘，鬆腰鬆胯，重心在右腿。

　　【易出偏差】胯向右歪，右肘上抬。

　　【糾正方法】應鬆腰收胯，右肘微下垂。

　　轉體至抱球為吸氣。

二、左右野馬分鬃

（三）微左轉上步

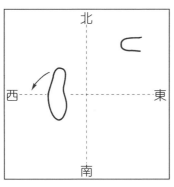

　　上體微向左轉，左腳向左前方上步（約 30°），腳跟著地。目視左前方。

　　上體先微向左轉後，左腳再輕輕向前上步。

　　【易出偏差】轉體上步時，左腳落地點處於右腳前，致兩腳處於一直線，身體重心不穩。

　　【糾正方法】轉體時，重心在支撐腿上，放鬆腰胯，左腳應向右腳跟以北約 5 公分輕輕上步。

　　左腳掌緩緩踏實，右腳跟向外蹍轉（約45°），左腿前弓；右腿自然伸直，成左弓步。同時左、右手分別緩緩向左上、右下分開：左手高與眼平，手心斜向上，肘微屈；右手落在右胯旁，肘微屈，手心向下，指尖向前。目視左手。

　　弓步時，左腳尖向前（正東方），膝蓋不要超過腳尖。兩腳之間的橫向距離（兩腳內側平行線之間的距離）應保持在10～30公分。兩臂分開要保持弧形；做到以腰帶臂，速度均勻。

　　【易出偏差】弓步時，上體前傾，膝蓋超過腳尖。

　　【糾正方法】重心前移時，上體保持端正；左腳掌踏實後，膝蓋勿再前頂。

　　上步至弓步分掌為呼氣。

二、左右野馬分鬃

（五）微後坐旋臂

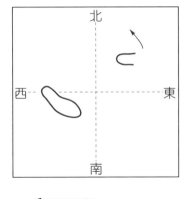

　　上體緩緩後坐，身體重心移至右腿，左腳尖翹起；同時，左臂微內旋。目視左臂。

　　後坐時，應鬆腰鬆胯，整個上體向後平移。

　　【易出偏差】右胯向右側凸出，左腿僵直。

　　【糾正方法】重心後移時，上體仍應保持端正；翹左腳尖時，左腿膝部微屈。

二、左右野馬分鬃

（六）擺腳旋臂

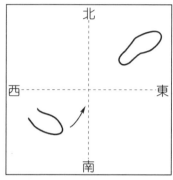

北

西 ———— 東

南

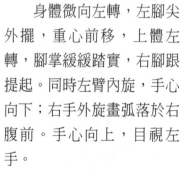

身體微向左轉，左腳尖外擺，重心前移，上體左轉，腳掌緩緩踏實，右腳跟提起。同時左臂內旋，手心向下；右手外旋畫弧落於右腹前。手心向上，目視左手。

擺腳與轉腰旋臂要協調一致。

【易出偏差】只旋臂不轉腰。

【糾正方法】以腰向左轉動帶動左腳外擺和左手旋臂，達到上下一致。

二、左右野馬分鬃

(七)丁步抱球

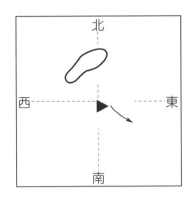

重心移至左腿,右腳提起緩緩收至左腳內側,腳尖點地。同時左臂屈收於胸前平抱;右手向左畫弧置於左腹前,手心向上;兩手心相對成抱球狀。目視左手。

上體須端正,鬆腰收胯,重心在左腿。

【易出偏差】重心前移收腳時,身體跟起。

【糾正方法】左腿應保持原有的彎曲度,不可向上挺直。

後坐至丁步抱球為吸氣。

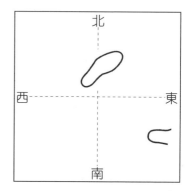

北

西　　　　　　東

南

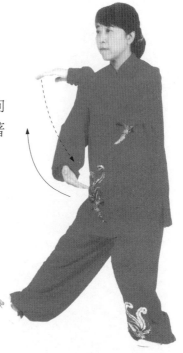

　　上體微向右轉，右腿提起向右前方上步（約 30°），腳跟著地，腳尖上翹。目視右前方。右腿上步要輕，要鬆腰沉胯。

　　【易出偏差】上步時，兩腳處於一直線，以致重心不穩。

　　【糾正方法】右腳上步時落點與左腳跟的橫向距離不少於 10 公分，不超過 30 公分。

二、左右野馬分鬃

（九）弓步分掌

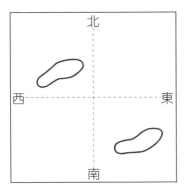

右腳掌緩緩踏實，右腿屈膝前弓，左腿自然伸直，成右弓步。同時左、右手隨轉體分別緩緩向左下、右上分開。右手高與眼平，手心斜向上，肘微屈；左手落在左胯旁，手心向下，指尖向前，肘也微屈。目視右手。

弓步時，右腳尖向前（正東方），膝蓋不要超過腳尖；兩腿之間橫向距離應保持在 10～30 公分，兩臂分展時應走弧形。做到以腰帶臂，速度均勻。

【易出偏差】弓步時，上體前傾，膝蓋超過腳尖。

【糾正方法】重心前移時，上體保持端正；右腳掌踏實後，膝蓋不可再前頂。

上步至弓步分掌為呼氣。

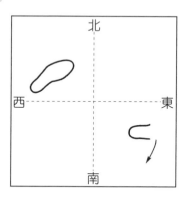

　　體後坐，左腿屈膝，重心移至左腿，右腳尖上翹；同時右臂微內旋。目視右手。

　　後坐時，應鬆腰鬆胯，整個上體向後平移。

　　【易出偏差】左胯向左側凸出，右腿僵直。

　　【糾正方法】重心後移時，上體應保持端正；右腿膝部微屈，不可挺直。

二、左右野馬分鬃

（十一）擺腳旋臂

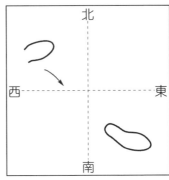

北

西 　　　 東

南

　　右腳尖外擺，腳掌緩緩踏實，左腳跟提起。同時右臂繼續內旋，手心向下；左手外旋向左畫弧落於左腹前。目視右手。

　　擺腳與轉腰旋臂要協調一致。

　　【易出偏差】只旋臂不轉腰。

　　【糾正方法】以腰向右轉動帶動右腳外擺和右手旋臂，達到上下一致。

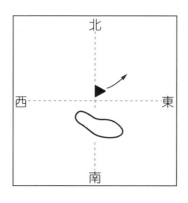

二、左右野馬分鬃
（十二）丁步抱球

　　重心移至右腳，左腳提起緩緩收至右腳內側，腳尖點地。同時右臂屈收於胸前平抱；左手向右上畫弧於右腹前，手心向上；兩手心相對成抱球狀。目視右手。

　　上體應端正，鬆腰收胯斂臀，重心在右腿。

　　【易出偏差】重心前移左腳內收時，身體亦升起。

　　【糾正方法】重心前移時，右腿應保持原有的彎曲度，不可挺直。

　　後坐至丁步抱球為吸氣。

二、左右野馬分鬃
(十三)微左轉上步

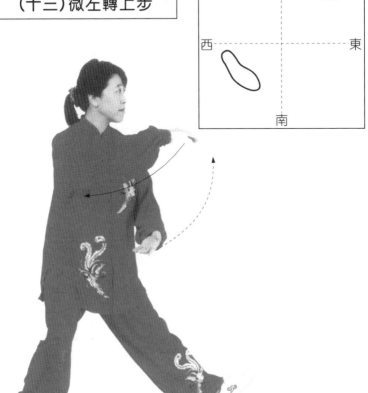

北

西 ---- 東

南

　　身體微向左轉，左腿提起向左前方（約 30°）上步，
腳跟著地，腳尖上翹。目視左前方。

　　鬆腰開胯，重心立於右腿，左腳上步要輕。

　　【易出偏差】上步時左腳落地點與右腳處於一直線，重
心不穩。

　　【糾正方法】左腳上步時落地點與右腳跟之間的橫向距
離應不少於 10 公分，不超過 30 公分。

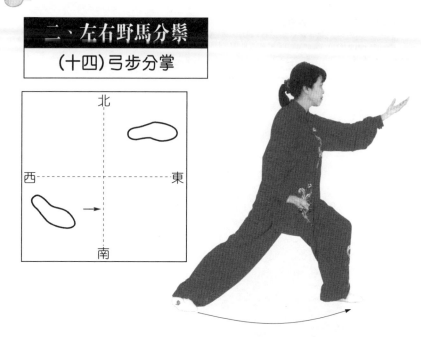

二、左右野馬分鬃

(十四)弓步分掌

左腳掌緩緩踏實，重心前移，左腿屈膝前弓，右腿自然伸直成左弓步。同時兩手隨轉體分別緩緩向右下、左上分開。左手高與眼平，手心斜向上，肘微屈；右手落在右胯旁。肘微屈，手心向下，指尖向前。目視左手。

弓步時，左腳尖向前（正東方），膝蓋不要超過腳尖；兩腳之間橫向距離應保持在 10～30 公分。兩臂分開要保持弧形。做到以腰帶臂，速度均勻。

【易出偏差】弓步時，上體前傾，膝蓋超過腳尖。

【糾正方法】重心前移時，上體保持中正；左腳掌踏實後，膝蓋勿再向前頂。

【野馬分鬃攻防含義】設對方左手擊我左胸部，我即左轉身閃過，以左手刁其腕；同時右腳上至其身後，以右手臂穿其腋下至胸前，用右上方靠擊對方。左右分鬃用意相同。

上步至弓步分掌為呼氣。

三、白鶴亮翅

(一) 跟半步

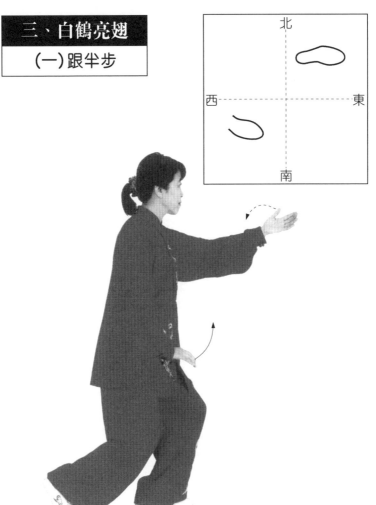

北

西　　　　　　東

南

　　重心前移，上體微向左轉，右腳跟進半步，前腳掌著地。目視前方。

　　跟步時，要鬆腰收胯。重心要穩。

　　【易出偏差】跟步時，重心不穩或出現雙重心。

　　【糾正方法】待重心移至左腿後，右腳再緩緩提起、輕輕跟步。

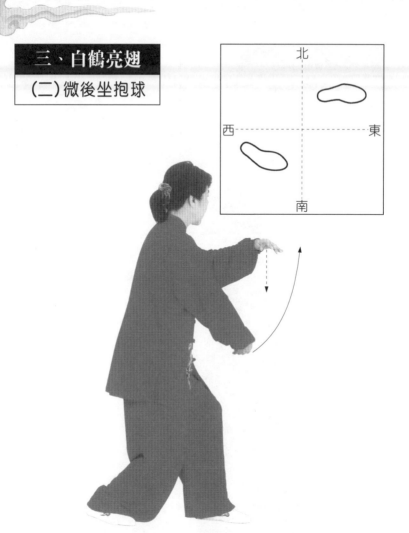

三、白鶴亮翅

(二)微後坐抱球

北

西 --- 東

南

上體後坐，右腳踏實，身體重心移至右腿。同時左手
內旋翻掌向下，屈臂平抱於胸前；右手外旋向左上畫弧至
左腹前，手心轉向上；兩手心相對成抱球狀。目視左手。

重心後坐與抱球要協調一致。

【易出偏差】抱球時兩臂直伸。

【糾正方法】兩臂應抱成半圓形。

跟步至抱球為吸氣。

簡化太極拳分解教學24式

32

三、白鶴亮翅
(三)右轉體右挑掌

身體微向右轉，右手向右斜上方挑至右肩前；同時左手經體前向右畫弧，附於右前臂內側。目視右手。

轉體與挑掌要協調一致。

【易出偏差】挑掌時身體跟起。

【糾正方法】轉體應以腰向右平轉，而不應是身體升提。

三、白鶴亮翅

(四)虛步亮掌

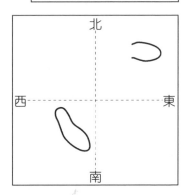

北

西 — — — — — — 東

南

左腳稍向前移，腳尖點地，成左虛步。同時上體微向左轉，面向正東，隨轉體兩手向右上、左下畫弧分開。右手提至右額前，手心向左斜後方；左手落於左胯前，手心向下，指尖向前。目視前方。

轉體和右手上提、左手下按要協調一致；兩臂都要保持弧形，有外撐之意。

【易出偏差】挺胸、凸臀，重心前傾。

【糾正方法】放鬆腰胯，收斂臀部，胸部微內含；身體端正，重心落於右腿。

（攝自東側）

【攻防含義】設對方迎面雙手分別抓握我兩腕向下採按，我即左臂屈肘上掤，右臂屈肘下沉外旋，微左轉身，使對方之力分散落空。趁對方重心不穩時，以左手刁其右腕下採，右臂穿至其右腋下，右轉身向右上方挑臂，以掤勁將對方發出。

挑掌至亮掌為呼氣。

四、左右摟膝拗步
（一）旋臂落掌

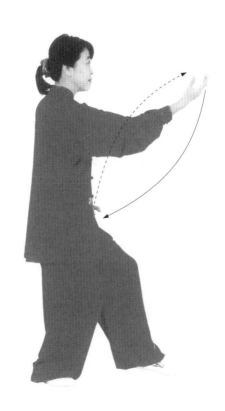

　　上體微左轉，右臂外旋，右手由額上方下落於體前。
目視右手。

　　旋臂落掌要鬆肩垂肘。

　　【易出偏差】落掌的位置偏向左或右，造成身體扭曲。

　　【糾正方法】掌應落在身體的正前方。

四、左右摟膝拗步

（二）旋臂落掌畫弧

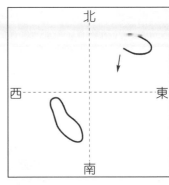

　　身體微右轉，右手經體前向下、向右畫弧至右胯旁，手心向上；同時左手隨轉體向上、向右畫弧至體左側，掌心斜向上，肘微屈。目視左手。

　　腰的轉動和兩手畫弧應協調一致。

　　【易出偏差】只畫手，不轉腰。

　　【糾正方法】要以腰的轉動帶動兩臂運轉畫弧。

四、左右摟膝拗步
（三）右畫弧丁步托掌

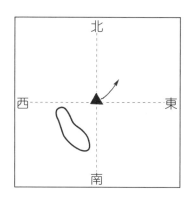

上體繼續右轉，左腳收至右腳內側，腳尖點地。同時右手向後、向上畫弧至右肩外，手與耳同高，手心斜向上；左手由左向右畫弧至右胸前，手心斜向下。目視右手。

體向右轉時應鬆腰鬆胯，上體保持端正；兩手向右畫弧應走弧線。

【易出偏差】上體右傾，聳肩。

【糾正方法】頭應虛虛上頂，整個脊椎呈縱軸轉動；肩部放鬆，自然下沉。

落掌至丁步托掌為吸氣。

四、左右摟膝拗步

(四)微左轉上步屈肘

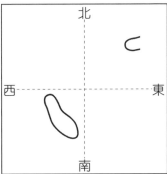

　　上體微向左轉，左腳提起向左前方上步（約 30°）。腳跟著地，腳尖上翹。同時右肘回屈，右手收至右耳側，掌心斜向前下；左手下落摟至腹前。掌心向下，掌指向右。目視前方。

　　身體左轉時，左腳上步和右手屈肘要協調一致。

　　【易出偏差】上體前傾，臀部後凸。

　　【糾正方法】身體重心置於右腿，左腳有控制地輕輕上步；上體保持端正。

四、左右摟膝拗步
(五)弓步摟膝推掌

　　重心前移，左腿屈膝前弓，右腿自然伸直，成右弓步。同時右手經耳側向前推出，掌心向前，掌指向上，高於鼻尖，肘微屈；左手向下自左膝前摟過落於左胯旁，掌心向下，指尖向前。目視右手。

　　左腿弓步與摟膝、推掌要同時完成。

　　【易出偏差】摟膝、推掌時兩手配合不協調。

　　【糾正方法】摟掌是摟開對方之腳，推掌是擊向對方之胸，明白此攻防含義，有利協調。

　　上步至推掌為呼氣。

四、左右摟膝拗步
(六)微後坐塌腕

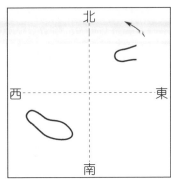

體後坐，右腿緩緩屈膝，重心移至右腿，左腳尖上翹。同時右腕微下塌。重心後移時，上體要保持端正。

【易出偏差】左腳尖上翹時，膝部挺直。

【糾正方法】強調膝部放鬆微屈。

四、左右摟膝拗步

（七）擺腳旋臂

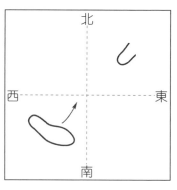

　　左腳前掌微向外擺，上體微向左轉。同時右臂外旋，掌心向左，掌指向前。目視右手。

　　重心在右腿，以腰為軸帶動左腳外擺和右臂外旋。

　　【易出偏差】擺腳與旋臂不協調。

　　【糾正方法】擺腳、旋臂要同時完成。

四、左右摟膝拗步

（八）左畫弧丁步托掌

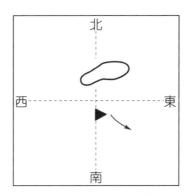

北

西　　　　　　東

南

　　左腳掌緩緩踏實，重心前移；右腿提起收至左腳內側，腳尖點地。同時左臂外旋翻掌向下、向左後上方畫弧至左肩外側，手與耳同高，手心斜向上，肘微屈；右手隨轉體向上、向左下畫弧落於左胸前，手心斜向下。目視左手。

　　以腰的轉動帶動兩臂運轉畫弧；重心移至左腿後再收右腳形成丁步。

　　【易出偏差】向左畫弧時，兩臂過於伸直。

　　【糾正方法】兩臂向左運轉應走弧線。後坐至丁步托掌為吸氣。

四、左右摟膝拗步

(九)微右轉上步屈肘

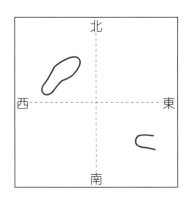

上體向右轉，右腳提起向右前方（約 30°）上步，腳跟著地，腳尖上翹。同時左肘回屈，左手收至左耳側，掌心斜向前下；右手微下落至腹前；掌心向下，指尖向左。目視前方。

身體右轉時，右腳上步和左手屈肘應協調一致。

【易出偏差】上體前傾，臀部後凸。

【糾正方法】轉體上步時，重心仍在左腿；右腳輕輕上步，上體保持端正。

四、左右摟膝拗步
(十)弓步摟膝推掌

　　重心前移，右腿屈膝前弓，左腿自然伸直，成右弓步。同時左手經耳側向前推出，掌心向前，掌指向上，高與鼻尖齊；右手向下由右膝前摟過落於右胯旁，掌心向下，指尖向前。目視右手。

　　弓步與摟膝推掌要同時完成。

　　【易出偏差】弓步時重心前傾，弓步與摟膝推掌動作不協調。

　　【糾正方法】弓步時，整個上體向前平移；摟掌是摟開對方之腳，推掌是擊對方之胸，明白此義，有利協調。

　　上步至摟膝推掌為呼氣。

四、左右摟膝拗步
(十一) 微後坐塌腕

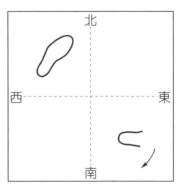

　　上體後坐，左腿緩緩屈膝，重心移至左腿。右腳尖上翹，左腕微下塌，目視左手。

　　重心後移時，上體要保持端正。

　　【易出偏差】右腳尖上翹時，膝部挺直。

　　【糾正方法】強調膝部放鬆微屈。

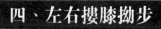

四、左右摟膝拗步
(十二) 擺腳旋臂

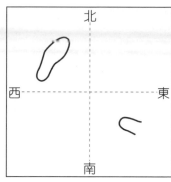

　　身體微向右轉，右腳尖微向外擺。左臂外旋，掌心向右，掌指向前。目視左手。

　　重心仍在左腿，以腰為軸帶動右腳外擺，左臂外旋。

　　【易出偏差】擺腳與旋臂不協調。

　　【糾正方法】擺腳與旋臂要同時完成。

四、左右摟膝拗步

(十三)右畫弧丁步托掌

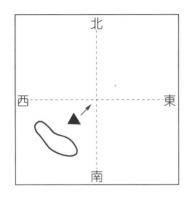

重心前移，右腳掌緩緩踏實；左腳提起收至右腳內側，腳尖點地。同時右臂外旋翻掌向下、向右後上方畫弧至右肩外，手與耳同高，手心斜向上；左手由左向右畫弧至右胸前，手心斜向下。目視右手。

右轉時要鬆腰鬆胯，上體保持端正；兩手向右畫弧應走弧線。

【易出偏差】上體右傾，聳肩。

【糾正方法】整個脊椎作縱向轉動，頭虛虛上頂；肩部自然鬆沉。

後坐至托掌為吸氣。

上體微向左轉，左腳提起向左前方（約 30°）上步，腳跟著地，腳尖上翹。同時右肘回屈，右手收至耳側，掌心斜向前下；左手微下落至腹前。掌心向下，掌指向右。目視前方。

身體左轉時，左腳上步與右手屈肘要協調一致。

【易出偏差】上體前傾，臀部後凸。

【糾正方法】身體重心置於右腿，左腳有控制地輕輕上步，身體保持端正。

四、左右摟膝拗步

(十五)弓步摟膝推掌

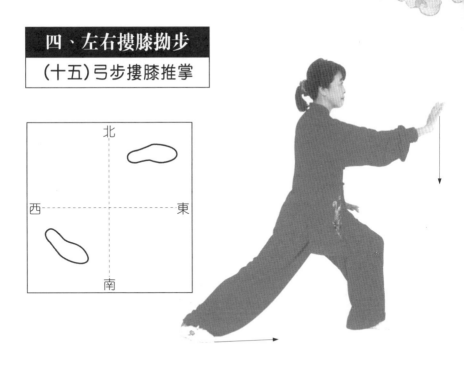

　　重心前移，左腿屈膝前弓，右腿自然伸直，成左弓步。同時右手經耳側向前推出，掌心向前，掌指向上，高與鼻尖齊；左手向下由左膝前摟過，落於左胯旁，掌心向下，指尖向前。目視右手。

　　弓步與摟膝、推掌要同時完成。

　　【易出偏差】弓步時重心前傾，或弓步與摟膝推掌不協調。

　　【糾正方法】弓步時，整個身體向前平移；摟掌是摟開對方之腳，推掌為擊對方之胸，明白此義，有利協調。

　　上步至摟膝、推掌為呼氣。

　　【攻防含義】設對方用腳踢我襠部，我即以左手摟開其腳；同時上步弓腿以右掌向對方胸部擊去。左、右摟膝拗步用意相同，唯方向相反。

簡化太極拳分解教學24式

49

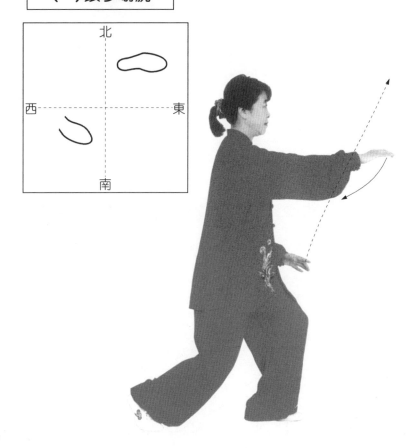

五、手揮琵琶

(一)跟步塌腕

　　重心前移，右腿屈膝提起，跟進半步，前腳掌著地。
同時右手腕放鬆，微下塌。目視右手。

　　跟步時，腰胯應放鬆，移動重心須平穩，不可挺膝引
身跟起；跟步與塌腕應協調完成。

　　【易出偏差】跟步時，誤挺左膝引身跟起。

　　【糾正方法】左膝須保持原有彎曲度，不可向上挺伸。

五、手揮琵琶
(二)後坐旋臂挑掌

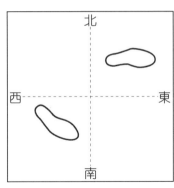

北

西 —————— 東

南

　　上體後坐，重心移至右腿。同時左手由左下向前向上挑舉，高與肩平；右手回收至右胸前。目視左手。

　　左手上挑時要由左向上、向前，微帶弧形。

　　【易出偏差】上、下肢動作不協調。

　　【糾正方法】重心後移到位，左手也挑舉到位。

　　跟步至挑掌為吸氣。

五、手揮琵琶

(三)虛步合臂

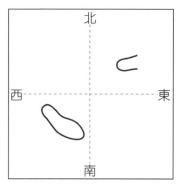

　　左腳略提起，稍向前移，腳跟著地，腳尖上翹，成左虛步。同時左手繼續上挑至與鼻尖平，掌心向右，掌指斜向上，臂微屈；右手回收至左臂肘部裏側，掌心向左，掌指斜向上。目視左手。

　　兩手臂相合與腳跟著地要同時完成；兩手臂要有一相合向前的撐勁。

　　【易出偏差】兩臂相合時，上體前傾。

　　【糾正方法】強調用背部的後掌勁，使前後勁力相稱；上體自然端正，避免前傾。

　　合臂為呼氣。

　　【攻防含義】設對方以右手擊我胸部，我即以左手粘其肘，右手向左粘其腕，用兩手的合力反其肘關節，並以左腳踢其脛骨或踩其腳面。

六、左右倒捲肱
(一)右轉向右下畫弧

　　右臂外旋，右手翻掌，由前向下、向右畫弧至右腰前，手心向上，臂微屈。目視左手。

　　右手向後畫弧應沉肩垂肘。

　　【易出偏差】右手回抽時產生夾臂。

　　【糾正方法】注意腋下留有空隙。

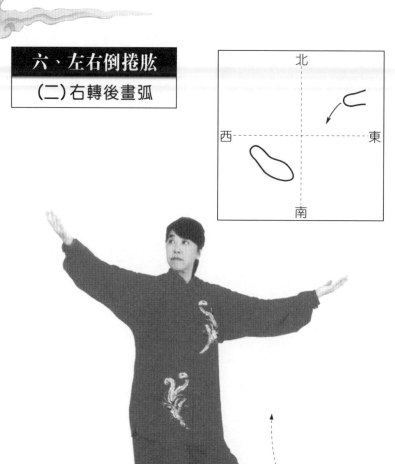

六、左右倒捲肱

(二)右轉後畫弧

北

西 ——— 東

南

上體右轉，隨轉體右手向右、向後、向上畫弧平舉，兩臂置於體兩側與肩同高，兩掌均向上；目視右手。

體右轉應以腰為軸，身體不可歪斜。

【易出偏差】右手畫弧時，手臂過直。

【糾正方法】右手向後平舉應走弧線。

六、左右倒捲肱

(三)收步提腳旋臂托掌

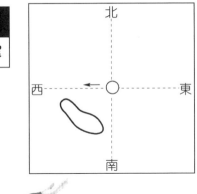

北

西 ← ○ 東

南

上體左轉，右腿自然直立，左腿屈膝提起，腳尖自然下垂。同時兩手微向上，平托於身體兩側。目隨轉體向前看左手。

肩須鬆沉，提膝時重心要穩。

【易出偏差】只畫手不轉腰，兩臂僵直。

【糾正方法】要以腰的轉動帶動左腿屈膝提起和兩手向上托掌。

向右畫弧至托掌為吸氣。

六、左右倒捲肱

(四)落步屈肘

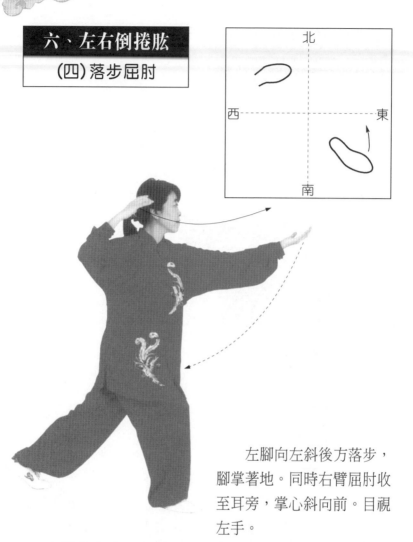

　　左腳向左斜後方落步，腳掌著地。同時右臂屈肘收至耳旁，掌心斜向前。目視左手。

　　左腳落步時，腳掌應有控制地輕輕著地，並與屈肘相照應。

　　【易出偏差】左腿後撤落地點與右腳處於一直線，重心不穩；身體前傾。

　　【糾正方法】左腳後撤的落點與右腳跟之間的橫向距離不少於 10 公分。上體保持端正，頭部虛虛上頂。

簡化太極拳分解教學24式

56

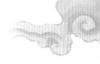

六、左右倒捲肱

(五)後坐蹍腳推掌

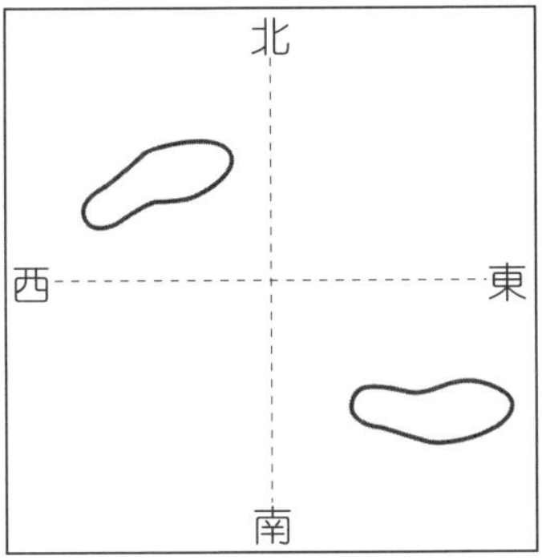

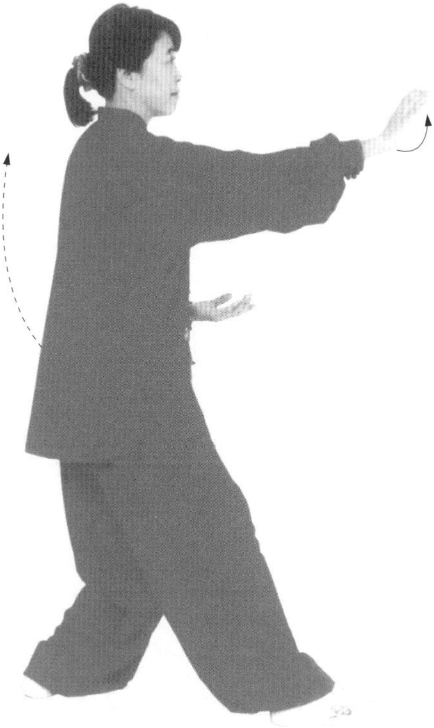

重心後移，左腳緩緩踏實，右腳隨轉體以腳掌為軸蹍正，成右虛步。同時右手由耳側向前推出，手心向前；左臂屈肘後撤至左肋外側，手心向上。目視右手。

兩手前推和回抽均須以腰為軸，並保持速度的協調一致。

【易出偏差】右手前推時，出現扭身、歪胯。

【糾正方法】推掌時，上體要端正；左胯要鬆柔，不可外凸。

落步至推掌為呼氣。

六、左右倒捲肱
(六)左轉向後畫弧

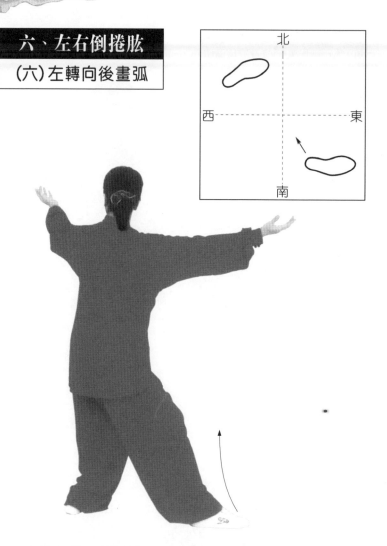

上體左轉。隨轉體左手向左、向後、向上畫弧平舉，兩臂置於體兩側，與肩同高，兩掌均向上；目視左手。

以腰為軸帶動左臂弧形運轉。

【易出偏差】兩臂分展平舉時，過於向後，使臂與肩成一條線。

【糾正方法】兩掌分舉時應走弧線落於體側稍偏前。

六、左右倒捲肱

(七)收步提腳旋臂托展

上體右轉，左腿自然直立，右腿屈膝提起，腳尖自然
下垂。同時兩手微向上，平托於身體兩側。目視右手。
　　提腳和托掌須協調一致。注意事項同分解（三）。
　　左轉至托掌為吸氣。

六、左右倒捲肱
（八）落步屈肘

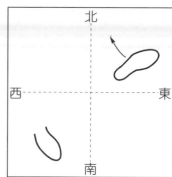

　　右腳向右斜後方落步，腳掌著地。同時左臂屈肘收至耳旁，掌心斜向前。目視右手。

　　右腳落步時，腳掌應有控制地輕輕著地，並與屈肘相照應。

　　【易出偏差】右腳後撤落地點與左腳處於一直線；身體前傾。

　　【糾正方法】右腳後撤的落點與左腳跟之間的橫向距離應不少於 10 公分；上體保持端正，頭部虛虛上頂。

六、左右倒捲肱
(九)後坐蹍腳推掌

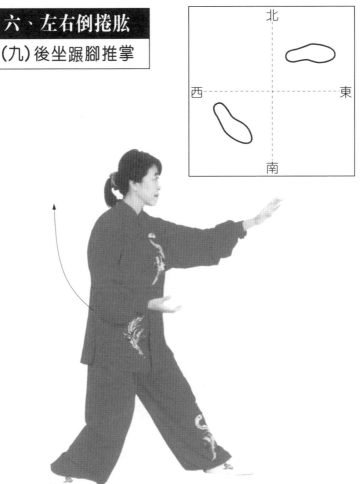

　　重心後移，右腳緩緩踏實，左腳隨轉體以腳掌為軸碾正，成左虛步。同時左手由耳側向前推出，手心向前；右臂屈肘後撤至右肋外側，手心向上。目視左手。

　　兩手前推和回抽須以腰為軸，並保持速度的協調一致。

　　【易出偏差】推掌時，出現扭身歪胯。

　　【糾正方法】上體向後平移，右胯要鬆柔，不可外凸。

落步至推掌為呼氣。

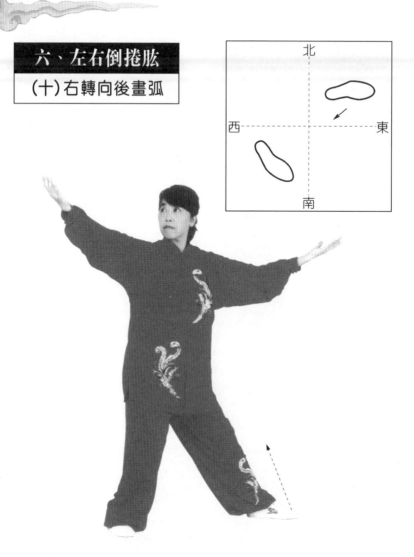

六、左右倒捲肱

(十)右轉向後畫弧

北

西　　　　　　　　東

南

　　　上體右轉。右手由右肋外側向下、向右後畫弧平舉，
兩臂置於體兩側，與肩同高，兩掌均向上。目視右手。
　　　右手向後畫弧應鬆肩垂肘，以腰為軸。
　　　【易出偏差】兩臂分展平舉過於向後，使臂與肩成一條
直線。
　　　【糾正方法】兩掌分舉時兩臂在體前保持弧形。

六、左右倒捲肱
（十一）收步提腳旋臂托掌

北
西 —— 東
南

　　上體微向左轉，右腿自然直立，左腳屈膝提起，腳尖自然下垂。同時兩掌微向上平托於身體兩側，手心向上。目視左手。

　　提腳與托掌須協調一致。注意事項同分解（三）。

　　左轉至托掌為吸氣。

六、左右倒捲肱

（十二）落步屈肘

左腳向左斜後方落步，腳掌著地。同時右臂屈肘收至耳側，掌心斜向前。目視左手。

左腳應有控制地輕輕著地，並與右臂屈肘相照應。

【易出偏差】左腳後撤落地點與右腳處於一直線；身體前傾。

【糾正方法】左腳後撤落點與右腳跟之間的橫向距離應不少於 10 公分；上體保持端正，頭部虛虛上頂。

六、左右倒捲肱

（十三）後坐蹠腳推掌

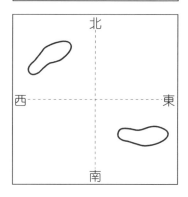

　　重心後移，左腳緩緩踏實，右腳隨轉體以腳掌為軸蹠正，成右虛步；同時右手由耳側向前推出，手心向前；左臂屈肘，後撤至左肋外側，手心向上。目視右手。

　　兩手前推和回抽均須以腰為軸，並保持速度的協調一致。

　　【易出偏差】右手前推時，出現扭身、歪胯。

　　【糾正方法】推掌時，上體要端正；左胯要鬆柔，不可外凸。

　　落步至推掌為呼氣。

六、左右倒捲肱

(十四)左轉向後畫弧

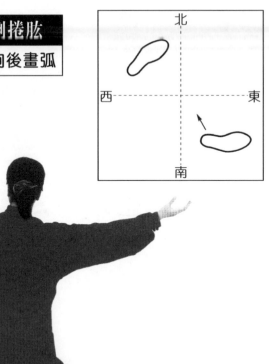

北

西 ——————— 東

南

　　上體微向左轉。隨轉體左手向左、向後、向上畫弧平舉，兩臂置於體兩側，與肩同高，兩掌均向上；目視左掌。

　　以腰為軸左轉，帶動兩臂弧形運轉分舉。

　　【易出偏差】兩臂分展平舉時，過於向後，使臂與肩成一直線。

　　【糾正方法】兩掌分舉時兩臂在體前保持弧形。

六、左右倒捲肱
(十五)收步提腳旋臂托掌

上體微向右轉，左腿自然直立，右腳屈膝提起，右腳尖自然下垂。同時兩掌微向上平托於身體兩側，手心向上。目視右手。

提腳與托掌須協調一致。注意事項同分解（三）。

右轉至托掌為吸氣。

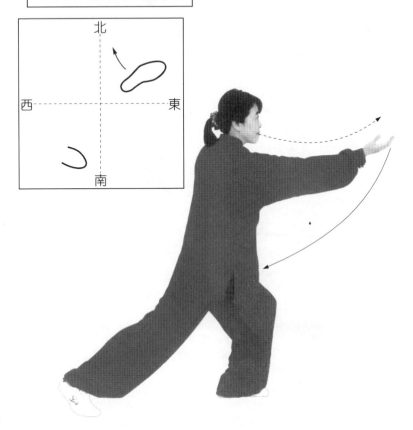

六、左右倒捲肱
(十六)落步屈肘

　　右腳輕輕向後（偏右）落步，腳掌著地。同時左臂屈肘收至耳旁，掌心斜向前。目視右手。

　　右腳應有控制地輕輕著地，並與左臂屈肘相照應。

　　【易出偏差】右腳後撤落地點與左腳處於一直線；身體前傾。

　　【糾正方法】右腳後撤的落點與左腳跟之間的橫向距離應不少於 10 公分；上體保持端正，頭部虛虛上頂。

六、左右倒捲肱

（十七）後坐蹺腳推掌

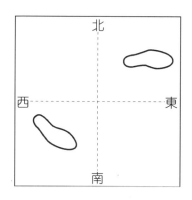

　　重心後移，右腳緩緩踏實，左腳隨轉體以腳掌為軸碾正，成左虛步。同時左手由耳側向前推出，手心向前；右臂屈肘後撤至右肋外側，手心向上。目視左手。

　　兩手前推和回抽須以腰為軸，並保持速度的協調一致。

　　【易出偏差】推掌時出現歪胯、扭身。

　　【糾正方法】右手前推時，上體要端正，右胯要鬆柔，不可外凸。

　　落步至挑掌為呼氣。

　　【倒捲肱的攻防含義】設對方以右手緊握我左腕，我即左臂外旋，向後撤左步，引其前撲；並趁勢以右掌向對方胸、面部按擊。左、右倒捲肱用意相同，唯方向相反。

七、左攬雀尾

（一）右轉向後畫弧

　　左腳尖上翹，上體微向右轉。隨轉體右手向右、向後、向上畫弧平舉，與肩同高，手心向上；左手腕放鬆，手心向下。目視右手。

　　右手向後畫弧應以腰為軸。

　　【易出偏差】右手畫弧過程中，左手停滯不動。

　　【糾正方法】左手應微塌腕、放鬆。

七、左攬雀尾
(二)收腳丁步抱球

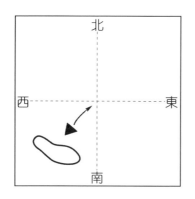

北

西 ————— 東

南

　　上體繼續右轉，左腳提起屈收至右腿內側，腳尖點地。同時左手自然下落，逐漸翻掌經腹前畫弧至右肋前，手心向上；右臂屈肘，手心轉向下，收至右胸前；兩手相對成抱球狀。目視右手。

　　身體重心落於右腿；兩手抱球應成弧形，手臂有外撐之感。

　　【易出偏差】抱球時，聳右肩、抬右肘。

　　【糾正方法】鬆肩垂肘。

　　右轉至抱球為吸氣。

七、左攬雀尾

(三)左轉體上步

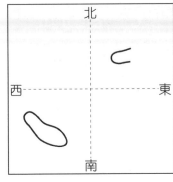

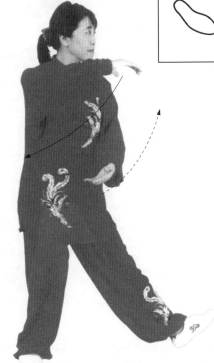

　　上體微向左轉，左腳向左斜前方（約 30°）上步，腳跟著地。目視左前方。

　　先轉體再上步，腳跟要輕輕著地。

　　【易出偏差】上步時，左腳落地點與右腳處於同一直線。

　　【糾正方法】左腳落點與右腳跟之間的橫向距離應不少於 10 公分。

七、左攬雀尾

(四)弓步左掤

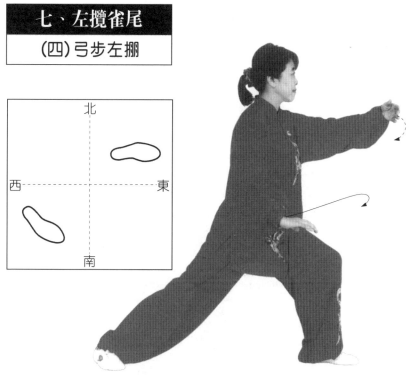

上體左轉,右腿自然伸直;左腿屈膝前弓,成左弓步。同時,左臂向左前方掤出,高與肩平,手心向內,指尖向右;右手向右下畫弧落於右胯旁,手心向下,指尖向前。目視左前臂。

動作完成時,兩臂要保持弧形。

【易出偏差】轉腰、分手和弓腿三者不協調。

【糾正方法】以轉腰帶動四肢運轉。

上步至左掤為呼氣。

【攻防含義】設對方以右手向我擊來,我即收抱左臂,使其力落空;隨即上步靠近對方;同時提起左臂將對方之臂架起或將對方掤出。

七、左攬雀尾

(五)微左轉旋臂引掌

　　上體微向左轉。左手隨即內旋並前伸翻掌向下；右手旋臂翻掌，手心向上，經腹前向上、向前伸至左前臂下方。目視左手。

　　兩手前伸時，應鬆腰、鬆肩和旋臂。

　　【易出偏差】兩手伸出時，手臂直向上揚起。

　　【糾正方法】以旋臂帶動兩掌向前引伸，肘須下垂，不可使兩臂直向上舉。

（六）後坐将

　　上體向右**轉**，重心逐**漸移**至右腿，同時兩手經腹前向右後上方畫弧，直至右手手心向上，高與肩平；左臂平屈於胸前，手心向內。目視右手。

　　兩臂下将須隨腰的旋轉，走弧線；左腳全掌著地。

　　【**易出偏差**】下将時，上體前傾或後仰，臀部後凸。

　　【**糾正方法**】脊椎須自然正直，腰向右平轉，不得左右歪斜。

　　引掌至将為吸氣。

　　【**攻防含義**】設對方以右手向我擊來，我順勢用右手握其手；左手粘其肘，向右後方将帶，致其失重前撲摔倒。

上體微向左轉。同時右手向上、向前屈肘附於左手腕內側（相距約5公分），手心向前，指尖斜向上。目視前方。

上體左轉時，要以腰為軸帶動兩臂運轉。

【易出偏差】轉體時，胯向右外凸。

【糾正方法】強調鬆腰收胯，使上體保持端正。

七、左攬雀尾
(八)弓步擠

　　重心逐漸前移，左腿屈膝前弓，右腿自然伸直，成左弓步。雙手同時向前緩緩擠出；左、右前臂保持弧形。目視左手腕部。

　　兩手前擠要與鬆腰、弓腿同時完成。

　　【易出偏差】上體前傾，左膝超過腳尖。

　　【糾正方法】兩手前擠須整個身體向前平移，不可以頭帶身向前傾；左腳全掌著地後，左膝不可再向前頂。

　　搭手至前擠為呼氣。

　　【攻防含義】設對方發現我有捋意而抽回右手，我順勢搭手以左小臂及右手之合力擠靠對方身體，將其擠出。

七、左攬雀尾
(九)旋臂分掌

　　左手內旋翻掌，手心向下；右手經左腕上方向前、向右伸出，高與左手齊，手心向下；兩手左右分開，寬與肩同。目視兩手之間。

　　兩手向左、右分開須旋臂、鬆肩。

　　【易出偏差】兩手分掌時，兩臂僵直。

　　【糾正方法】伸掌與分掌過程中，肘部應始終保持下垂，不可挺直。

七、左攬雀尾

(十)後坐旋臂收掌

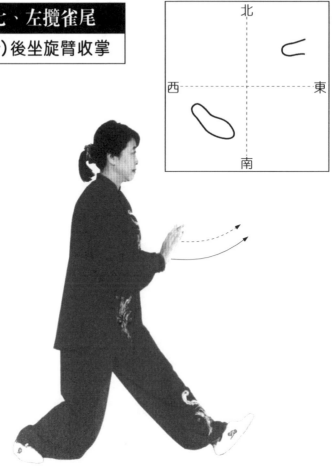

　　重心後移，右腿屈膝，左腳尖翹起。同時兩手屈肘回收至胸前，手心均向前下方。目視前方。

　　後坐與收掌要協調一致。後坐過程中，應屈膝、鬆腰、鬆胯。

　　【易出偏差】後坐時，上體前傾，臀部後凸。

　　【糾正方法】身體保持端正，頭部虛虛上頂。

　　分掌至收掌為吸氣。

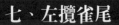

七、左攬雀尾

(十一)沉腕弓步按掌

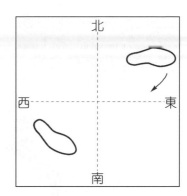

北

西　　　　　東

南

重心緩緩前移，左腿屈膝前弓，右腿自然伸直，成左弓步。同時兩腕下沉經腹前向上、向前按出，與肩同高，掌心向前，指尖向上。目視前方。

兩手前按要走弧線，做到鬆肩、垂肘、坐腕。

【易出偏差】兩臂僵直，身體前傾。

【糾正方法】兩手前按時，兩肘要微屈；上體向前平移，不可以頭引身向前傾。

弓步前按為呼氣。

【攻防含義】設對方用雙拳或雙掌擊按我胸部時，我即用雙手按其雙臂使其力落空，並順勢以兩掌向前推出。

八、右攬雀尾

(一)後坐扣腳畫弧

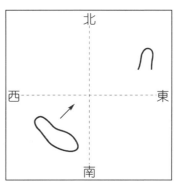

體後坐，上體向右轉，重心移至右腿，左腳內扣，腳尖向前（正南）。同時右手經面前向右平行畫弧至右側，兩掌高與肩平，掌心均向外，掌指向上。目視右掌。

重心後移與蹺腳要協調一致，扣腳、轉體與畫弧分掌要協調一致。

【易出偏差】重心後坐時，上體前傾，臀部後凸。

【糾正方法】後坐時，要鬆腰、鬆胯、斂臀；上體保持端正，向後平移。

八、右攬雀尾

(二)收腳丁步抱球

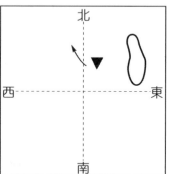

北

西 ---- 東

南

　　身體重心移至左腿上，右腳收至左腳內側，腳尖點地。同時右手向下經腹前向左上畫弧至左肋前，手心向上；左臂平屈胸前，左手掌向下與右手掌相對成抱球狀。目視左手。

　　移動時須先將重心置於左腿，再有控制地收回右腿；兩手抱球時，兩臂應呈半圓形。

　　【易出偏差】抱球時左肩上聳，左肘上抬。

　　【糾正方法】注意兩肩須鬆沉，兩肘微下垂。

　　後坐至抱球為吸氣。

八、右攬雀尾

(三)微右轉上步

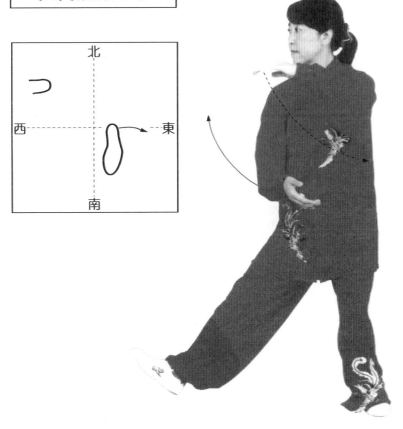

北

西 —— 東

南

上體微向右轉，右腳向右斜前方上步，腳跟著地，腳
尖上翹。目視右前方。

先轉體再上步，腳跟要輕輕著地。右腳上步時膝微屈。

【易出偏差】上步時，右腳落地點與左腳處於一直線。

【糾正方法】右腳落點與左腳跟之間的距離應不少於
10公分。

八、右攬雀尾
(四)弓步右掤

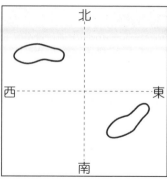

上體右轉，右腳屈膝前弓；左腳跟外蹍，左腿自然伸直，成右弓步。同時右臂向右前方掤出，高與肩平，手心向內，指尖向左；左手向左下落至於左胯旁，手心向下，指尖向前。目視右前臂。

兩臂應保持弧形；上體要端正，頭部虛虛上頂；肩部放鬆。

【易出偏差】轉腰、分手和弓步三者不協調。

【糾正方法】以轉腰帶動四肢運轉，轉腰、分手和弓步要同時完成。

上步至右掤為呼氣。

【攻防含義】與「七、左攬雀尾之（四）弓步左掤」式相同，唯方向相反。

八、右攬雀尾

（五）微右轉旋臂引掌

　　身體微向右轉，右手隨即前伸翻掌向下；左手翻掌向上，經腹前向上、向前伸至右前臂下方。目視右手。

　　兩手前伸時，須鬆腰、鬆肩和旋臂。

　　【易出偏差】兩手伸出時，手臂直向上揚起。

　　【糾正方法】以旋臂帶動兩掌向前引伸；肘須下垂，切不可使兩臂直向上舉。

八、右攬雀尾

(六)後坐捋

　　上體微向左轉，身體重心逐漸移至左腿。同時兩手經腹前向左後上方畫弧，直至左手手心向上，高與肩平；右臂平屈於胸前，手心向後。目視左手。

　　兩臂下捋時，須隨腰的旋轉走弧線；右腳全掌著地。

　　【易出偏差】後捋時，上體前傾或後仰，臀部後凸。

　　【糾正方法】脊柱應自然正直，腰向左平轉，不得左右歪斜。

　　引掌至後捋為吸氣。

　　【攻防含義】與「七、左攬雀尾之（六）後坐捋」相同，唯方向相反。

八、右攬雀尾

(七)右轉搭手

上體微向右轉。同時左手向上、向前畫弧屈肘附於右手腕內側（相距約5公分），手心向前，指尖斜向上。目視前方。

上體右轉時，要以腰為軸帶動兩臂運轉。

【易出偏差】轉體時，胯向左外凸。

【糾正方法】強調鬆腰收胯，使身體保持端正。

（八）弓步擠

　　重心逐漸前移，右腿屈膝前弓，左腿自然伸直，成右弓步。同時雙手向前擠出，肘微下垂，兩臂保持弧形。目視前方。

　　兩手前擠要與弓腿同時完成。

　　【易出偏差】上體前傾，右膝前弓超過腳尖。

　　【糾正方法】兩手前擠時整個身體向前平移，不可以頭領身向前傾；右腳掌踏實後，右膝不可再向前頂。

　　搭手至前擠為呼氣。

　　【攻防含義】與「七、左攬雀尾之（八）弓步擠」用意相同，唯方向相反。

八、右攬雀尾

(九)旋臂分掌

　　右手內旋翻掌，手心向下；左手經右腕上方向前、向左伸出，高與右手齊，手心向下；兩手左右分開，寬與肩同。目視兩手之間。

　　兩手向左、右分開須旋臂鬆肩。

　　【易出偏差】分掌時，兩臂僵直。

　　【糾正方法】伸掌與分掌過程中，肘部始終保持下垂，不可挺直。

八、右攬雀尾
(十)後坐旋臂收掌

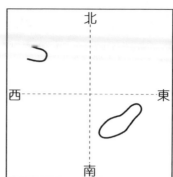

　　左腿屈膝，上體緩緩後坐，重心移至左腿上，右腳尖翹起。同時兩手屈肘回收至胸前，手心均向前下方。目視前方。

　　後坐過程中，應屈膝、鬆腰、鬆胯，後坐與收掌須協調一致。

　　【易出偏差】後坐時，上體前傾、臀部後凸。

　　【糾正方法】身體保持端正，頭部虛虛向上頂；整個身體向後平移。

　　分掌至收掌為吸氣。

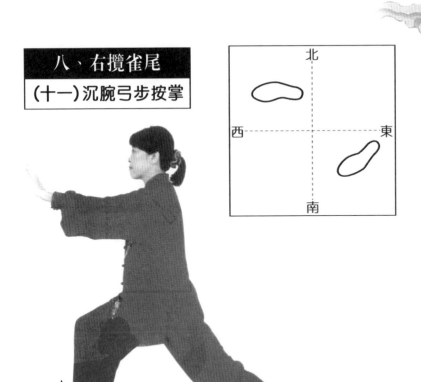

八、右攬雀尾

(十一)沉腕弓步按掌

重心緩緩前移，右腿屈膝前弓；左腿自然伸直，成右弓步。同時兩腕下沉經腹前向前、向上按出，與肩同高、同寬，掌心向前，指尖向上。目視前方。

兩手前按要走弧線，做到鬆肩、垂肘、坐腕。

【易出偏差】兩臂僵直，身體前傾。

【糾正方法】兩手向前按時，上體向前平移，不可以頭引身向前傾；兩肘要微屈。

按掌為呼氣。

【攻防含義】與「七、左攬雀尾（十一）沉腕弓步按掌」用意相同，唯方向相反。

九、單　鞭

(一)後坐蹺腳

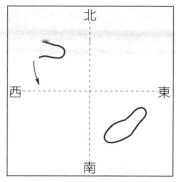

體後坐，重心逐漸移至左腿上，右腳尖蹺起。目視前方。

體後坐與右腳尖上蹺須協調一致。

【易出偏差】臀部後凸，後坐時右腳挺直。

【糾正方法】鬆腰斂臀，整個身體向後平移；右膝注意微屈。

後坐蹺腳時吸氣。

九、單　鞭
(二)扣腳左轉畫弧

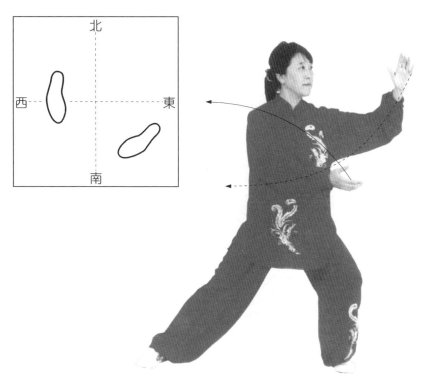

　　右腳尖內扣，上體左轉。同時兩手（左高右低）向左畫弧運轉（左手心向外，手指向上），直至左臂平舉，撐於身體左側，手心向左；右手心向下，向左經腹前運至左肋前，手心向內上方。目視左手。

　　上體左轉畫弧時，應以腰的轉動帶動雙臂運轉。目視運動在面前的手，上體保持端正，注意斂臀。

　　左轉畫弧時呼氣。

九、單　鞭

(三)右轉畫弧

　　重心緩緩移到右腿上，上體右轉。同時右手向右上方
畫弧至體右側，手心由裏轉向外；左手向下畫弧至右腹
前，手心斜向上。目視右手。

　　以腰的轉動帶動兩臂運轉畫弧，上體保持端正，鬆腰
斂臀，目視運動在面前的手。

　　【易出偏差】上、下肢運轉不協調。

　　【糾正方法】手、眼、身、腿運轉的方向要一致。

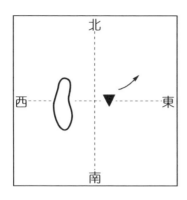

　　左腳提起收至右腳內側，腳尖點地。右手屈腕，五指自然捏攏變成勾手，勾尖向下；左手向右上畫弧，停於右肩前，手心向內。目視右手。

　　收腳時重心要穩，右手勾手、左手畫弧與左腳回收成丁步須同時完成。

　　【易出偏差】收腳勾手時，身體忽然升起，重心不穩。

　　【糾正方法】右腿不要突然向上挺，要保持前勢高度。右轉至勾手為吸氣。

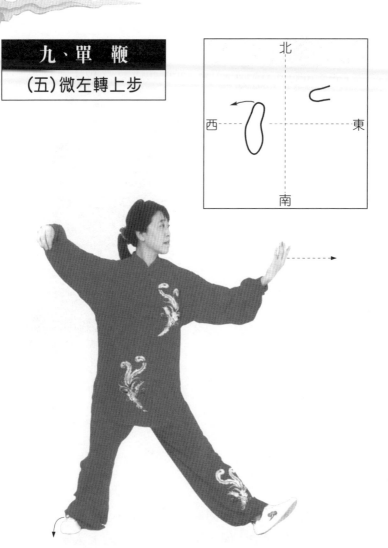

九、單　鞭

(五)微左轉上步

上體微向左轉，左腳向左斜前方上步（約 30°），腳跟著地。左掌隨轉體向左畫弧至面前，掌心向內。目視左手。

轉體時要鬆腰鬆胯，上步與畫弧應協調一致。

【易出偏差】上步時，身體前傾，臀部後凸。

【糾正方法】上體保持端正，重心置於右腿，左腳跟有控制地輕輕著地，鬆腰斂臀。

九、單　鞭

(六)弓步推掌

重心前移，左腿屈膝前弓；右腿跟外蹍，右腿自然伸直，成左弓步。同時隨轉體左掌緩緩翻轉，向前推出，手心向前，手指高度與眉齊，臂微屈。目視左手。

弓步定勢時，要做到左肩與左胯、左肘與左膝上下相對，勾手與右腳上下相對。

【易出偏差】左手前推時，翻掌太快或最後突然翻掌；前後腿置於一直線上。

【糾正方法】應隨轉體左手邊翻邊推出；左腳上步時，注意兩腳的橫向距離，左腳尖應向東偏北（偏北約 15°）。

上步至推掌為呼氣。

【單鞭攻防含義】設對方以右拳擊我右側，我即以右臂化解其力，隨即以掌撲或勾撮其面部；對方若又從我左側擊來，我即轉身上步以轉腕撥化其力，並以掌撲其面或扼其頸。

十、雲　手

（一）後坐蹺腳

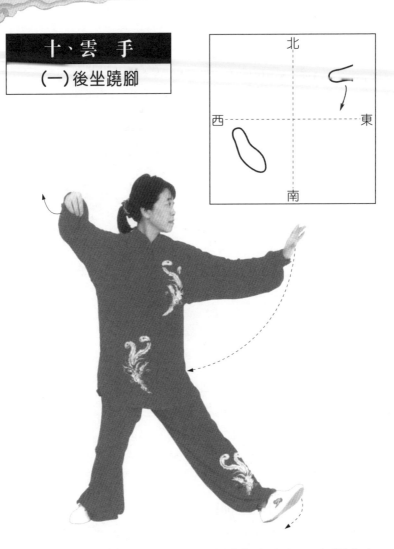

　　體後坐，右腿屈膝，重心緩緩移向右腿，左腳尖上翹。目視前方。

　　後坐與蹺腳須同時進行。

　　【易出偏差】後坐時，上體前傾，臀部後凸。

　　【糾正方法】重心後移過程中，身體須向後平移，注意鬆腰斂臀。

十、雲手
(二)扣腳右轉畫弧

北

西 —————————————— 東

南

　　左腳尖裏扣，上體微向右轉。同時左手向下畫弧至左腹前，手心斜向內；右勾手變掌，手心向右前。目視右手。
　　以腰為軸帶動左腳裏扣、左手畫弧和勾手變掌。
　　【易出偏差】上、下肢運轉不協調。
　　【糾正方法】扣腳、左手畫弧和勾手變掌三者要同時完成。
　　後坐至右畫弧為吸氣。

簡化太極拳分解教學24式

十、雲 手

(三)右轉撐掌

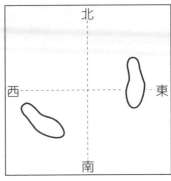

　　上體繼續右轉，隨之重心逐漸右移。同時右手內旋向右側撐掌；左手向右上畫弧至右肩前，手心斜向後。目視右手。

　　以腰的轉動帶動兩臂向右畫弧、外撐。

　　【易出偏差】轉體與撐掌不協調。

　　【糾正方法】身體右轉、右手外撐和目視右手三者要同時完成。

　　右轉撐掌為呼氣。

簡化太極拳分解教學24式

十、雲手

(四)重心左移畫弧

　　重心左移，上體左轉。同時左手經面前向左上畫弧至肩前，手心向內；右手下落經腹前左畫弧至右胯旁，手心斜向下。目視左手。

　　以腰為軸帶動兩臂上、下向左畫弧，左手高不過頭。

　　【易出偏差】重心左移與畫弧不協調。

　　【糾正方法】重心左移和兩手畫弧應隨轉體同時完成。左移畫弧為吸氣。

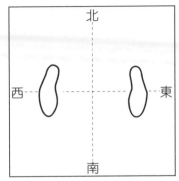

十、雲 手

(五)收步撐掌

右腳輕輕提起落於左腳旁，成小開立步（兩腳相距 10～20 公分）。同時左手緩緩翻轉，向左方撐掌，掌心向左，掌指向上；右手經腹前向上畫弧至左肩前，手心斜向後。目視左手。

收右腳與撐左掌要同時完成。

【易出偏差】收步時身體跟起；落步時左、右兩腳不平行（一前一後或內、外八字形）。

【糾正方法】收步時，左膝不可挺伸，以意念控制右腳緩緩內收，腳前掌先著地，然後全腳著地；腳跟直向後落，不可左右蹍轉。

收步撐掌為呼氣。

十、雲 手
(六)右轉畫弧

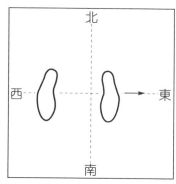

北

西 ——→ 東

南

　　上體向右轉。同時右手向右畫弧至面前，手心斜向內；
左手向下、向右畫弧至左胯旁，手心斜向後。目視右手。
　　以腰為軸帶動兩臂上、下向右畫弧，右手高不過頭。
　　【易出偏差】轉腰與畫弧不協調。
　　【糾正方法】轉腰、畫弧與目視方向要保持一致。
　　右轉畫弧為吸氣。

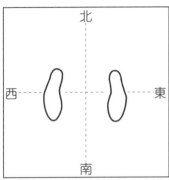

十、雲 手

(九)收步撐掌

右腳輕輕提起落於左腳一側，成小開立步（兩腳相距10～20公分）。同時左手漸漸翻轉，向左方撐掌，掌心向左，掌指向上；右手經腹前向上畫弧至左肩前，手心斜向後。目視左手。

收右步與撐左掌要同時完成。

【易出偏差】收步時身體跟起；落腳時兩腳未能平行站立。

【糾正方法】收步時，左膝不可挺伸；以意念控制右腳緩緩內收；腳前掌先著地，然後全腳著地，腳跟直向後落，不可左右蹀轉。

收步撐掌為呼氣。

十、雲 手
（十）右轉畫弧

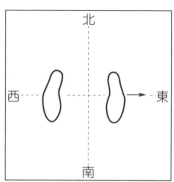

　　上體向右轉。同時右手向右畫弧至面前，手心向內；左手向下、向右畫弧至左胯旁，手心斜向上。目視右手。

　　以腰為軸帶動兩臂上、下向右畫弧，右手高不過頭。

　　【易出偏差】轉腰與畫弧不協調。

　　【糾正方法】轉腰、畫弧與目視方向要保持一致。

　　右轉畫弧為吸氣。

十、雲 手

(十一) 邁步撐掌

　　左腳向左橫邁一步。同時右手繼續向右畫弧，手心逐漸翻轉向右；左手由胯旁經腹前向右上畫弧至右肩前，手心斜向內。目視右手。

　　邁步、轉體和兩臂畫弧、撐掌要協調一致，要鬆腰、開胯。

　　【易出偏差】下肢移動時，重心不穩。

　　【糾正方法】邁步時，重心在右腿，左腿輕輕邁出，腳前掌先著地，然後全腳踏實。

　　邁步撐掌為呼氣。

十、雲 手
（十二）左轉畫弧

　　重心左移，上體向左轉。同時左手由右肩經面前向左畫弧至體左側，掌心向內，掌指斜向上；右掌由體右側向下、向左畫弧至右胯旁，手心斜向下。目視左手。

　　重心左移時，應鬆腰鬆胯，以腰為軸帶動兩臂向左畫弧。

　　【易出偏差】只注意手的運轉而不轉腰。

　　【糾正方法】應以腰的運轉帶動兩臂作弧線運轉。

　　左轉畫弧為吸氣。

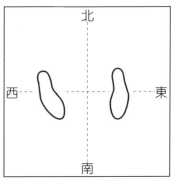

十、雲　手

（十二）收步撐掌

右腳輕輕提起落於左腳一側，腳尖微向裏扣。左手漸漸翻轉向左撐掌，掌心向左，掌指向上；右手經腹前向上畫弧至左肩前，手心斜向後。目視左手。

收步與撐掌要同時完成。

【易出偏差】收步時身體跟起；落步時右腳未曾向裏扣。

【糾正方法】收步時左膝不可挺伸；以意念控制右腳緩緩內收，腳前掌先著地，微向裏扣，然後全腳著地，便於接單鞭動作。

收步撐掌為呼氣。

【攻防含義】設對方以右手向我胸肋部擊來，我即提左臂滾擋其臂，並趁勢以右掌擊其肩背及肋部。此為右雲手，左雲手與此用法相同，唯方向相反。

十一、單　鞭

(一)右轉畫弧

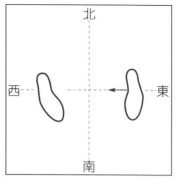

北

西 ┄┄┄┄ 東

南

　　上體向右轉，隨之右手經面前運轉至體右側，掌心向內；左手向下經腹前畫弧至右腹前，掌心斜向上。目視右手。

　　以腰的轉動帶動兩臂上、下向右畫弧。

　　【易出偏差】上下肢運轉不協調。

　　【糾正方法】轉腰與兩手畫弧應同時完成。

十一、單　鞭

（二）丁步勾手

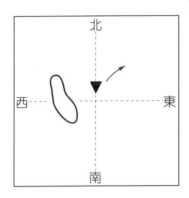

　　身體重心落在右腿上，左腳跟提起，腳尖點地。同時右掌翻轉向外，五指自然捏攏成勾手，勾尖向下；左手由腹前向右上畫弧至右肩前，手心向內。目視右手。

　　掌變勾手時要鬆肩、垂肘、凸腕。

　　【易出偏差】右勾手、左手畫弧與左腳跟提起三者不協調。

　　【糾正方法】意念控制三者一同完成。

　　右轉畫弧至勾手為吸氣。

十一、單　鞭

（三）微左轉上步

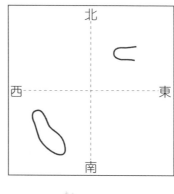

　　上體微向左轉，左腳向左前方上步，腳跟著地。同時左掌隨轉體向左側畫弧至面前，掌心向內。目視左掌。

　　轉體鬆胯後，再輕輕向左上步。

　　【易出偏差】上體前傾，臀部後凸。

　　【糾正方法】轉體時，要鬆腰、鬆胯、斂臀；左腳上步時，重心仍在右腿上，上體保持端正。

十一、單　鞭

(四)弓步推掌

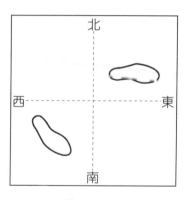

重心前移，左腿屈膝前弓，右腳跟外蹍，右腿自然伸直，成左弓步。隨轉體左掌緩緩翻掌向前推出，手心向前，手指與眉齊平，臂微屈。目視左手。

弓步定式時，右肘微下垂，左肘與左膝上下相對。

【易出偏差】左手向外翻掌前推時，翻掌太快或最後突然翻掌；弓步時前後腳處於一直線。

【糾正方法】翻掌時，應隨轉體邊翻邊推出，落步時，兩腳的橫向距離應不少於 10 公分。

上步至推掌為呼氣。

【攻防含義】與「九、單鞭（六）弓步推掌」相同。

十二、高探馬
（一）跟半步

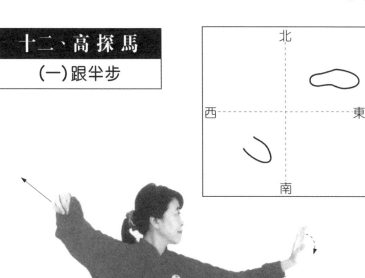

重心前移，右腳提起向前跟進半步。

跟步時，應以收胯帶領右腳內收。

【易出偏差】跟步時身體跟起。

【糾正方法】左腿仍保持弓步時的高度，不可向上蹬伸。

十二、高探馬

(二)後坐轉體托掌

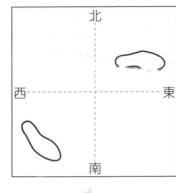

　　身體微向右轉，重心逐漸後移至右腿上。同時右勾手變成掌，兩手心翻轉向上，兩肘微屈。目視右前方。

　　轉體托掌時，雙肩要下沉。

　　【易出偏差】兩手托掌時，兩臂過直。

　　【糾正方法】兩臂應置於身體的側前方，保持弧形，不可成一直線。

　　跟步至托掌為吸氣。

十二、高探馬
(三)左轉體屈肘

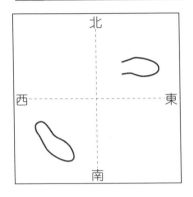

上體微向左轉，左腳跟逐漸離地。同時右臂屈肘內收至耳旁，掌心向前；左手微向內收。目視前方。

左腳跟離地、轉體和屈肘三者應協調一致。

【易出偏差】屈肘時，右肘上揚。

【糾正方法】右前臂直接向內收，右肘有下垂感便不會上揚。

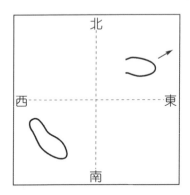

北

西 ——————— 東

南

左腳微向前移，腳尖點地，成左虛步。同時右掌經耳旁向前推出，手心斜向前，手指與眼同高；左手收至左側腰前，手心斜向上，手指向右。目視右手。

右掌前推與左掌回收的速度應均衡一致。

【易出偏差】左腳前移時，重心前傾。

【糾正方法】重心在右腿，鬆腰沉胯；上體保持自然端正。

左轉至推掌為呼氣。

【攻防含義】設對方以右手擊我左側，我即以左手搭其腕部後牽，同時以右掌搓擊其面、喉部。

十三、右蹬腳
（一）左斜方上步穿掌

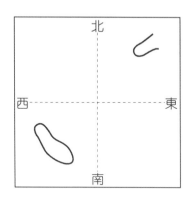

　　左腳提起向左側前方上步，腳跟著地。同時左手手心向上，前伸至右手腕背面，兩手相互交叉。目視兩掌。

　　左手前伸應走弧線。

　　【易出偏差】上步時，重心不穩，身體前傾。

　　【糾正方法】上步時，上體保持端正，左腳跟輕輕著地。

　　上步穿掌為吸氣。

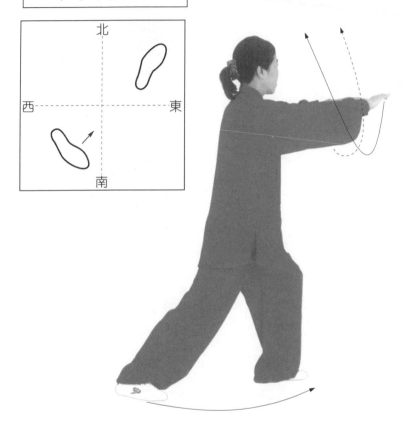

十三、右蹬腳

(二) 弓步分掌

北

西－－－－－－東

南

　　重心前移，左腿屈膝前弓，右腿自然伸直，成左弓步。同時左臂內旋掌心翻轉向下，隨即兩掌向兩側分開並向下畫弧，手心斜向下。目視前方。

　　畫弧時應鬆肩、垂肘。

　　【易出偏差】兩手畫弧時弧度過大。

　　【糾正方法】兩掌應在體前畫弧，不要畫至體側。

　　弓步分掌為呼氣。

十三、右蹬腳
(三)丁步抱掌

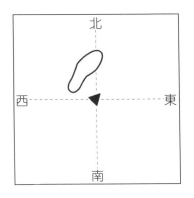

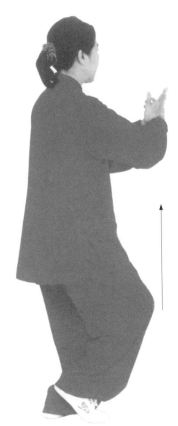

重心前移，右腳提起落於左腳內側，腳尖點地。同時兩手由外圈向裏圈畫弧，兩手交叉合抱於胸前，左手在內，右手在外，手心均向後。目視右前方。

抱掌時應以肩帶臂，以臂帶肘，以肘帶手。

【易出偏差】抱掌時兩手過直。

【糾正方法】兩掌應微向下再向裏、向上走弧線合抱，兩臂要撐圓。

上步抱掌為吸氣。

十三、右蹬腳
(四)提膝抱掌

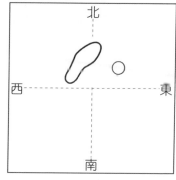

左腿自然直立，右腿屈膝提起，腳尖自然下垂。兩掌仍合抱於胸前。目視右前方。

右腿屈膝應高於腰，腳尖微下垂。

【易出偏差】提膝時重心不穩。

【糾正方法】右膝提起時，左膝應微屈，不可蹬直。提膝與抱掌應有內合勁。

丁步至提膝為吸氣。

十三、右蹬腳

（五）蹬腳分掌

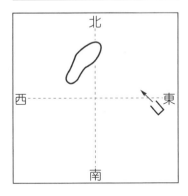

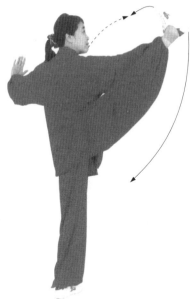

右腳向右前方慢慢蹬出。同時兩掌向外側左、右分開與肩平，肘部微屈，手心均向外。目視右手。

蹬腳時右腳尖回勾，勁使在腳跟。

【易出偏差】蹬腳和分腳混淆。

【糾正方法】蹬腳時腳尖回勾，用腳跟外蹬；分腳時腳面展平，力達腳尖。

蹬腳分掌為呼氣。

【攻防含義】設對方以左手擊我胸部，我即以右手粘其臂向後帶；對方又以右手擊我胸部，我又以左手畫撥其臂，並以掌擊其面、胸部，以腳蹬其腹、肋部。

簡化太極拳分解教學24式

123

十四、雙峰貫耳

（一）屈膝合臂

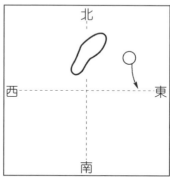

北

西 ---------- 東

南

　　右腿屈膝回收（膝高於腰），腳尖自然下垂。同時兩臂外旋合於體前，手心均向上，指尖向前。目視兩手。

　　右腳屈膝與兩臂相合要同時完成。

　　【易出偏差】兩臂相合時距離寬窄掌握不住；回收的右腳尖勾起。

　　【糾正方法】相合時，兩臂相距約與肩同寬；右腳回收時，腳尖自然下垂。

十四、雙峰貫耳
(二)落腳落掌

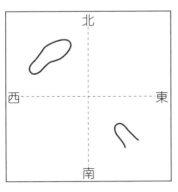

右腳向右斜前方下落，腳跟著地。兩手同時向下畫弧分落於胯前，手心向上，指尖斜向下。目視前方。

右腳落地時，重心不要前傾。

【易出偏差】兩手下落時，臂部僵直。

【糾正方法】兩手下落時，應鬆肩、垂肘、鬆腕。

合臂至落掌為吸氣。

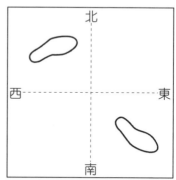

十四、雙峰貫耳

(三)旋臂弓步貫拳

　　身體重心緩緩前移，右腿屈膝前弓，左腿自然伸直，成右弓步。同時兩手變拳，分別從兩側斜下方向上向前內旋畫弧至面部前方，成鉗形狀；兩拳相對，高與耳齊，拳眼斜向內下（兩拳間相距 10～20 公分）。目視兩拳。

　　頭應正直，鬆腰鬆胯，兩拳鬆握，沉肩垂肘，兩臂保持弧形。

　　【易出偏差】兩手貫拳時聳肩；弓步與貫拳不一致。

　　【糾正方法】貫拳過程中，肘始終保持下垂；重心移動速度要慢一點，這樣就能與貫拳的速度保持一致。

　　弓步貫拳為呼氣。

　　【攻防含義】設對方以雙手向我擊來，我即用兩手分撥其手，同時提膝頂其襠、腹部；繼而對方欲後撤，我即上步以雙拳貫擊其雙耳或太陽穴處。

十五、轉身左蹬腳

（一）後坐蹺腳

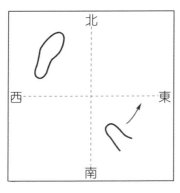

　　體後坐，左腿屈膝，重心移至左腿，右腳尖翹起。目視前方。

　　身體要穩定，不可前傾後仰。

　　【易出偏差】後坐時上體前傾，臀部後凸。

　　【糾正方法】後坐時要注意鬆腰斂臀，上體向後平移。身體保持端正。

　　後坐蹺腳為吸氣。

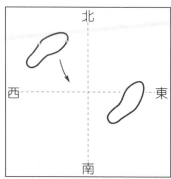

十五、轉身左蹬腳
(二)左轉扣腳分掌

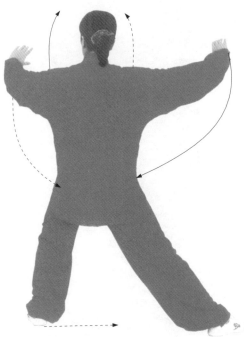

　　上體左轉，右腳尖內扣，足尖向東北方。同時兩拳變掌，由上向左、右畫弧分開平舉，與肩同高，手心向前。目視左手。

　　左轉體應以腰帶動右腳裏扣和兩掌分舉。

　　【易出偏差】轉體分掌與扣腳不協調。

　　【糾正方法】上體一動拳即逐漸變掌，兩手畫弧速度要稍快一點。

　　扣腳分掌為呼氣。

十五、轉身左蹬腳
（三）丁步抱掌

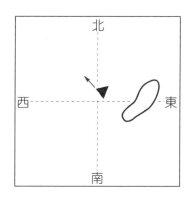

北

西 ---- 東

南

重心移至右腿，左腳收至右腳內側，腳尖點地。同時兩手由外圈向裏圈畫弧合抱於胸前，左手在外，手心均向內。目視左方。

抱掌時，應以肩帶臂，以臂帶肘，以肘帶手。

【易出偏差】抱掌時兩手伸得過直。

【糾正方法】兩掌應微向下再向裏走弧線合抱，兩臂要撐圓。

簡化太極拳分解教學24式

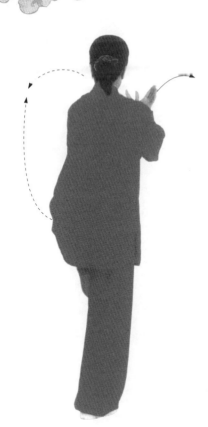

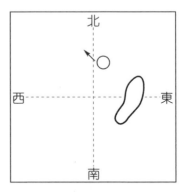

北

西 ──── 東

南

左腿屈膝提起，膝高過腰部，腳尖自然下垂。目視前方。

左腿屈膝提起時重心要穩。

【易出偏差】提膝時重心不穩。

【糾正方法】左膝提起時，右膝應微屈，不可蹬直。

丁步至提膝為吸氣。

十五、轉身左蹬腳
（五）蹬腳分掌

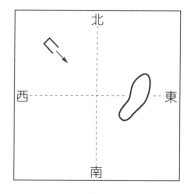

左腳尖勾起，向左前方緩緩蹬出。同時兩掌向左、右分開，手心翻轉向外，與肩同高，肘部微屈。目視左手。

蹬腳時右腳尖回勾，勁使在腳跟。

【易出偏差】蹬腳和分腳混淆。

【糾正方法】蹬腳時腳尖回勾，用腳跟外蹬；分腳時腳面展平，力達腳尖。

蹬腳分掌為呼氣。

【攻防含義】設對方在我左背一側，以右拳或左拳擊來，我即向左轉體，以左手接住其手腕，用左腳跟蹬其腹、肋部。

十六、左下勢獨立
（一）收腳勾手

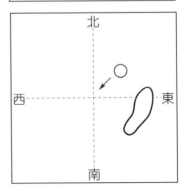

北

西 ──────── 東

南

左腿屈膝收回，腳尖自然下垂，上體右轉。同時右手屈腕，五指自然捏攏變成勾手，勾尖向下，與肩同高；左掌向上、向右畫弧至右肩前，掌心斜向後，掌指斜向上。目視右手。

待左腿屈收後，再轉體擺左手、勾右手。

【易出偏差】屈膝轉體時重心不穩。

【糾正方法】右腿微屈，左腿回收要收胯加以控制；右手變勾時應微屈，以減少手與身體的距離；頭須虛虛上頂。

收腳勾手為吸氣。

十六、左下勢獨立
（二）下蹲仆步

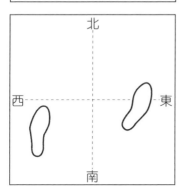

　　右腿緩緩屈膝下蹲，左腿向左側（偏後）伸出，成左仆步。目視右手。

　　右腿全蹲時，上體應保持正直，左腳尖須內扣，左腳尖與右腳跟處於同一東西平行線上。

　　【易出偏差】上體前俯，臀部外凸。

　　【糾正方法】下蹲時，右臀部緊貼小腿，虛領頂勁，臀部內斂。

　　下蹲仆步為呼氣。

十六、左下勢獨立
（三）左轉體穿掌

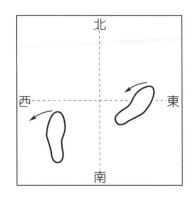

　　身體微向左轉，左手由胸前下落，經膝前使掌心翻轉朝外，向左下順左腿內側向前穿出，約達踝關節處。目視左手。

　　要邊轉腰邊穿掌。

　　【易出偏差】在左手穿掌時，右勾手上抬過高。

　　【糾正方法】右勾手保持與肩同高。

十六、左下勢獨立
(四)弓步挑掌

　　重心前移，上體左轉，左腳以腳跟為軸，腳尖外擺，屈膝前弓；右腳尖內扣，右腿自然伸直，成左弓步。同時左臂繼續向前伸出，立掌上挑，掌心向右，與肩同高；右臂內旋，置於右後胯，勾尖向上。目視左手。

　　左腳外擺與左手挑掌、右腳內扣與右勾手翻轉要協調一致。

　　【易出偏差】重心前移時，上體前傾。

　　【糾正方法】重心前移時，要鬆腰鬆胯，使上體保持端正、向前平移。

　　穿掌至弓步為吸氣。

十六、左下勢獨立
(五)提膝挑掌

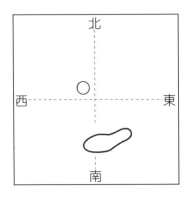

重心前移，左腿蹬伸獨立，右腿緩緩屈膝提起，腳尖自然下垂，成左獨立式。同時右臂外旋右勾手變掌，由右下方順右腿外側向前弧形挑起，屈臂立於右腿上方，手心向左，指尖與眉同高，肘與膝相對；左手落於左胯旁，手心向下，指尖向前。目視右手。

獨立的腿要微屈，上、下肢動作應協調一致。

【易出偏差】右腿提起時，腳尖上翹，重心不穩。

【糾正方法】右腳尖自然下垂；提膝與挑掌的力與左手下採之力須保持均衡，同時到位，方可立穩。

提膝挑掌為呼氣。

【攻防含義】設對方向我右側打來，我以右手握住其手，撲身下蹲以左手穿其襠部；當對方欲脫身時，我順勢提膝頂擊其襠，並以右手挑托其下頜。

十七、右下勢獨立

（一）落腳落掌

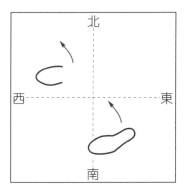

北

西 ——— 東

南

　　右腳下落於左腳前（約 20 公分），腳掌著地。同時右肘下垂，右掌下落約與肩高，手心向下。目視右手。

　　要以腰胯之力控制右腳掌輕輕著地，上體保持端正，不可前傾。

　　【易出偏差】上、下肢配合不協調。

　　【糾正方法】意識中膝與肘之間如有一線相牽，一動皆動，同時下落，不可先落腳、再落手。

十七、右下勢獨立
(二) 踉腳左轉勾手

　　右腳跟外踉，重心移至右腿；左腳以腳掌為軸，腳跟向內踉動，隨之身體左轉，重心再移至左腿。同時左手向左後平舉變成勾手，勾尖向下，與肩同高；隨轉體右手經面前向左側畫弧，立於左肩前，掌心斜向後。目視左手。

　　轉體時要鬆腰鬆胯；左手勾手、左腳踉轉與右掌畫弧應同時完成。

　　【易出偏差】左勾手手臂過直，右胯外凸。

　　【糾正方法】左肘部應微屈；右胯應內收，不可歪斜。落腳至勾手為吸氣。

十七、右下勢獨立
(三)下蹲仆步

　　右腳微微提起，向右側伸出；左腿緩緩屈膝下蹲，成右仆步。同時右手臂外旋下落，掌心朝左側。目視右手。

　　右腳尖觸地後須稍微提起，然後再向下仆步，其他與左下勢獨立相同，唯方向相反。

　　【易出偏差】右腳上提過高；仆步時，上體前俯，臀部撅起。

　　【糾正方法】右腳離地約5公分即向下仆步；下蹲時，左臀部應緊貼小腿處，虛領頂勁，臀部內斂。

　　下蹲仆步為呼氣。

簡化太極拳分解教學24式

139

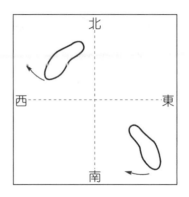

十七、右下勢獨立
(四)右轉體穿掌

　　身體微向右轉。右掌由胸前下落，經膝前使掌心翻轉朝外，向右下順右腿內側向前穿出，約達踝關節處。目視右掌。

　　要邊轉腰邊穿掌。

　　【易出偏差】右手穿掌時，左勾手上抬過高。

　　【糾正方法】左勾手保持與肩同高。

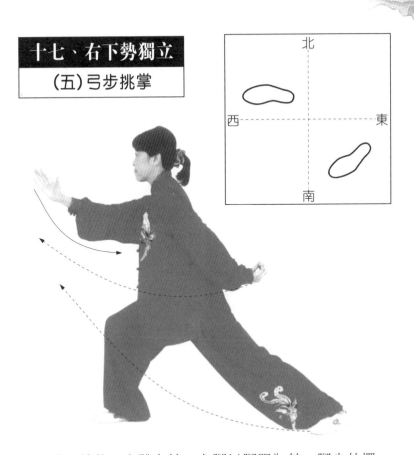

十七、右下勢獨立
(五)弓步挑掌

　　重心前移，上體右轉，右腳以腳跟為軸，腳尖外擺，屈膝前弓；左腳尖內扣，左腿自然伸直，成右弓步。同時左臂內旋，至體後，勾尖向上；右臂繼續向前伸出，立掌上挑，掌心向左，與肩同高。目視右手。

　　右腳外擺與右手挑掌、左腳內扣與左勾手翻轉要協調一致。

　　【易出偏差】重心前移時，上體前傾。

　　【糾正方法】重心前移時，要鬆腰鬆胯，保持上體端正。

　　穿掌至弓步為吸氣。

十七、右下勢獨立
（六）提膝挑掌

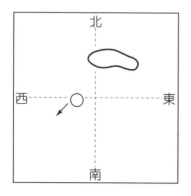

　　左腿緩緩屈膝提起，腳尖自然下垂，成右獨立式。同時左臂外旋，左勾手變掌，由左下順左腿外側向前弧形挑起，屈臂立於左腿上方，手心向右，指尖與眉同高，肘與膝相對；右手落於右胯旁，手心向下，指尖向前。目視左手。

　　上、下肢動作要協調一致，獨立之右腿應微屈。

　　【易出偏差】重心不穩；左腳提起時，腳尖上翹。

　　【糾正方法】提膝與挑掌的力與右手下採之力要保持均衡，同時到位，方可立穩。

　　提膝挑掌為呼氣。

　　【攻防含義】同左下勢獨立，唯方向相反。

十八、左右穿梭

（一）落腳旋臂

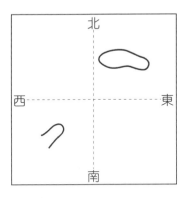

　　身體微向左轉，左腳向前落步，腳跟著地（約30°）。同時左臂內旋，掌心斜向下。目視左手。

　　落腳與旋臂應同時進行。

　　【易出偏差】落腳時重心前傾。

　　【糾正方法】要以胯、膝關節控制左腳跟輕輕著地。

十八、左右穿梭
（二）擺腳轉體旋臂

　　重心前移，左腳尖外擺踏實，右腳跟離地。同時左手內旋變手心向下；右手外旋變手心向上，置於右胯旁。兩手在左胸前成抱球狀。目視左手。

　　轉體時，應鬆腰、鬆胯、屈膝。

　　【易出偏差】身體下蹲過低。

　　【糾正方法】此為半坐盤，兩膝只需微屈，右腿不必抵在左腿後。

十八、左右穿梭
(三)丁步抱球

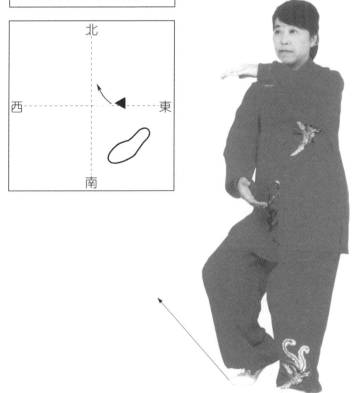

右腳收至左腳內側，腳尖點地，成丁步。目視左手。

丁步抱球時，應鬆腰鬆胯，沉肩垂肘。

【易出偏差】右腳收步時，重心不穩。

【糾正方法】待重心移至左腿後，右胯再內收，控制右腳屈收，腳尖輕輕點地。

落腳至抱球為吸氣。

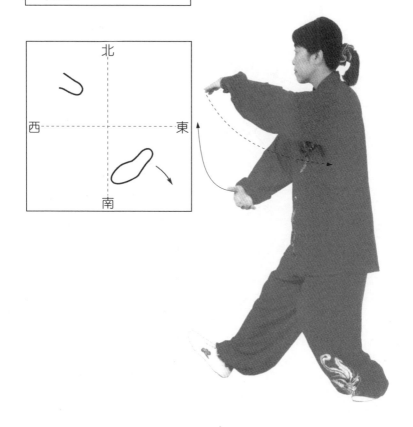

　　身體向右轉，右腳向右斜前方上步，腳跟著地。同時左臂稍下沉，掌心向下，右臂微向前掤。目視右前方。

　　上步方向為正西偏北，兩腳跟的橫向距離應保持在30公分左右。

　　【易出偏差】右腳上步時，膝部僵硬、臀部後凸。

　　【糾正方法】右腳膝部微彎曲，上體保持端正，注意鬆腰，斂臀。

十八、左右穿梭
(五)弓步旋臂架推

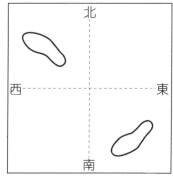

重心前移，右腿屈膝前弓；左腳跟微外蹍，左腿自然伸直，成右弓步。同時右手內旋由臉前向上翻掌架於右額前，手心斜向前；左手經體前向前推出，高與鼻尖平，手心向前，掌指向上。目視左手。

左手推出後，上體不可前傾，一手上舉，一手前推，要與弓腿上下協調一致。

【易出偏差】手向上舉時，引肩上聳。

【糾正方法】弓步上舉時，肩應鬆沉。

上步至架推為呼氣。

【攻防含義】設對方用左拳向我頭部擊來，我即用左手架擋其手臂，同時上步以右掌推擊對方胸肋部。此為右穿梭。

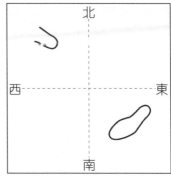

十八、左右穿梭
（六）微後坐蹺腳

重心後移，右腳尖翹起。目視前方。

重心後坐與蹺腳要協調完成。

【易出偏差】右腿過於挺直。臀部後凸。

【糾正方法】右膝微屈；重心向後平移時，注意鬆腰、斂臀。

十八、左右穿梭

(七)微左轉畫弧

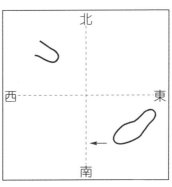

　　身體微向左轉。同時左手向左畫弧，掌心向下。目視左手。

　　以腰的左轉帶動左手畫弧。

　　【易出偏差】畫弧時，左肩上聳。

　　【糾正方法】左手畫弧時，左肩應鬆沉。

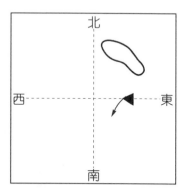

體右轉,重心前移至右腳,右腳尖稍向外擺踏實,左腿跟進,收於右腳內側,腳尖點地。同時右手平屈於右胸前,左手翻掌外旋向右畫弧至右腹前,掌心向上,掌指向右,兩手在右胸前成抱球狀。目視右前臂。

丁步抱球過程中,要鬆腰收胯,以腰的轉動帶動四肢運轉。

【易出偏差】左腳收步時,重心不穩。

【糾正方法】待重心移至右腿後,左胯再內收並控制左腳屈收,腳尖輕點地。

蹺腳至抱球為呼氣。

十八、左右穿梭
(九)左斜前方上步

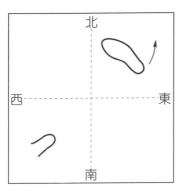

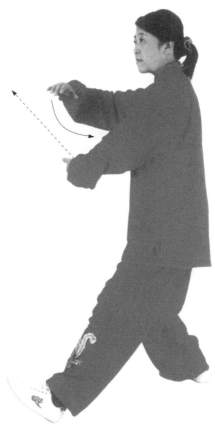

　　左腳向左斜前方上步，腳跟著地。同時右臂微下沉，手心向下，左臂微向前掤。目視前方。

　　兩腳跟的橫向距離應保持在 30 公分左右，上步方向為正西偏南。

　　【易出偏差】左腳上步時膝部僵硬，臀部後凸。

　　【糾正方法】膝部微彎曲，上體正直，鬆腰斂臀。

簡化太極拳分解教學 24 式

151

十八、左右穿梭
(十)弓步旋臂架推

　　重心前移，左腿屈膝前弓；右腳跟微外蹍，右腿自然伸直，成左弓步。同時左手內旋由臉前向上翻掌架於左額前，手心斜向前；右手經體前推出，高與鼻尖齊，手心向前，掌指向上。目視右手。

　　右手推出後，上體不可前傾，一手上舉，一手前推，要與弓腿上、下協調一致。

　　【易出偏差】手向上舉時，引肩上聳。

　　【糾正方法】弓步上舉時，肩應鬆沉。

　　上步至架推為呼氣。

　　【攻防含義】左穿梭與右穿梭相同，唯方向相反。

十九、海底針

（一）跟步塌腕

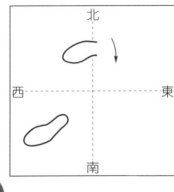

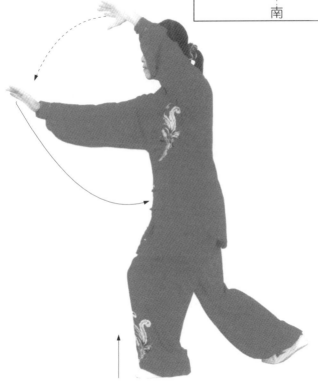

　　重心移至左腿，右腳向前跟進半步，腳前掌著地。同時兩手腕放鬆下塌。

　　跟步時，腰胯應放鬆；跟步與塌腕應協調完成。

　　【易出偏差】跟步時身體跟起。

　　【糾正方法】左膝須保持原有彎曲度，不可向上蹬伸。

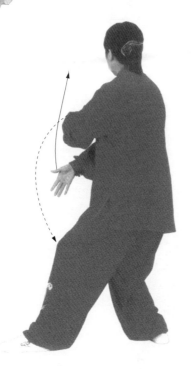

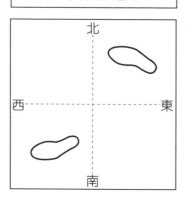

十九、海底針
（二）後坐落手

重心後坐，右腳全腳落地踏實，上體右轉。同時左手向右畫弧至右肩前，掌心向右，指尖斜向上；右手下落於右胯旁，掌心向左，指尖斜向前。目視左手。

重心後坐與左手下落要協調一致。

【易出偏差】重心後移時，臀部外凸。

【糾正方法】強調整個身體向後平移，注意斂臀。

跟步至後坐為吸氣。

十九、海底針
(三)屈肘落手

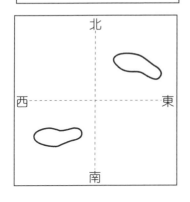

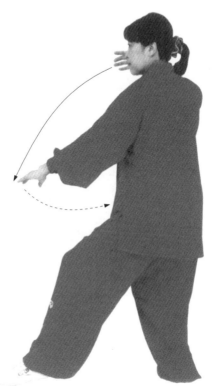

身體稍向左轉。同時右手經體前向後、向上抽提至耳旁，掌心向左，掌指斜向前下；左手向左下畫弧落至腹前，掌心向下，掌指向右。目視前方。

右手上抽與左手下按要協調一致，兩臂運轉應以腰為軸。

【易出偏差】右肩上聳。

【糾正方法】右手上提時要強調轉腰和沉肩。

十九、海底針
(四)虛步插掌

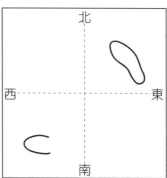

　　左腳稍向前移，腳尖點地，成左虛步。同時右手向斜前下方下插，掌心向左，指尖斜向下方；左手落於左胯旁，手心向下，指尖向前，目視前下方。

　　插掌時，鬆腰鬆胯，左腿須微屈，避免低頭和臀部外凸。

　　【易出偏差】向下插掌時，上體前傾。

　　【糾正方法】上體要保持端正，頭部有虛虛上頂之感。屈肘至插掌為呼氣。

　　【攻防含義】設對方以右手握我右腕，我即右轉體提右腕，同時以左手臂下壓折其臂而解脫，並隨勢以右掌指插向其腹部。

二十、閃通臂
(一)後坐提手

　　體微後坐。同時右手由下向上挑舉約與肩同高，掌心向左，指尖向前；左手提起附於右臂內側，掌心向右，手指向上。目視右手。

　　右手向上挑起時，應鬆腰、鬆胯、斂臀，上體緩緩後移。

　　【易出偏差】右腿向上蹬伸，致引體升起。

　　【糾正方法】右腿應保持前勢之彎曲度，不可向上蹬伸。

二十、閃通臂

(二)上步蹺腳

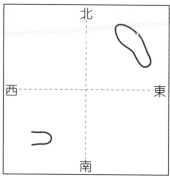

　　上體稍向右轉，左腳提起向左前方上步，腳跟著地。目視前方。

　　重心置於右腿；左腳上步時要輕，腳跟應輕輕著地。

　　【易出偏差】重心分置於右腿，產生雙重心。

　　【糾正方法】用意識使右臂的上提和左腳上步相照應，即可防重心前移。

　　提手至上步為吸氣。

二十、閃通臂
(三)弓步架推

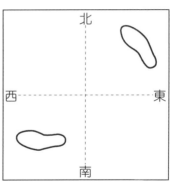

重心前移，左腿屈膝前弓，右腿自然伸直，成左弓步。同時右臂內旋翻掌上舉於右額上方，掌心向外，指尖斜向前；左臂經胸向前推出，高與鼻尖平，手心向前。目視左手。

弓步時，兩腳橫向距離不超過 10 公分；推掌、舉掌和弓腿動作要協調一致。

【易出偏差】推掌時，左臂完全伸直。

【糾正方法】左臂前推和右臂上舉姿勢完成時，兩臂均須保持弧形。

弓步架推為呼氣。

【攻防含義】設對方用右手向我擊來，我即用右手反握其腕向右後方提帶至右額角旁，同時上步以左掌向對方肋部擊去。

二一、轉身搬攔捶

(一)後坐蹺腳

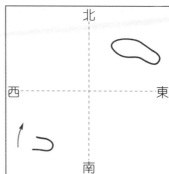

　　體後坐，右腿屈膝，重心移至右腿，左腳尖蹺起。目視左掌。

　　右腿屈膝後坐與左腳尖上蹺應協調完成。

　　【易出偏差】後坐時臀部外凸，左腿挺直。

　　【糾正方法】重心後坐時，要斂臀及注意上體平移，左膝微屈。

二一、轉身搬攔捶
（二）扣腳右轉擺掌

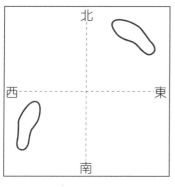

左腳尖內扣，上體右轉。同時兩手向上、向右擺舉，右掌舉於體右側，左掌舉於左額上方，掌心均向外。目視右掌。

應以轉腰帶動左腳內扣和兩掌右擺。

【易出偏差】轉體時，右胯外凸。

【糾正方法】身體右轉時，脊椎應保持正直，上體不可歪斜。

（二）後坐收腳握拳

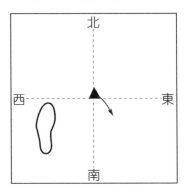

北

西　　　　　　　東

南

體後坐，重心移至左腿，右腳提
起收至左腿內側，腳尖著地。同時右
手向下、向左畫弧握拳至左脅旁，拳
心向下；左手屈收至左胸前，掌心向
下，掌指向右。目視右前方。

收腳與握拳應協調一致。

【易出偏差】重心左移時，
左胯外凸，重心不穩。

【糾正方法】移動重心時要
鬆腰鬆胯，待重心完全移至左腿
後，再提收右腳。

後坐至握拳為吸氣。

二一、轉身搬攔捶
(四)踩腳搬拳

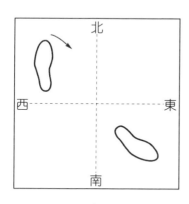

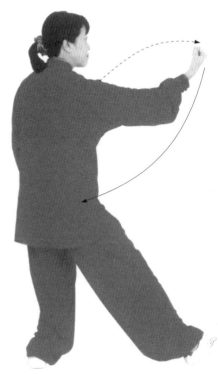

　　身體微向右轉，右腳向右前方上步，腳尖外擺腳跟著地，前腳掌虛著地。同時右拳向上、向前翻轉搬出，拳心向上，約與肩同高；左手落於左胯旁，掌心向下，指尖向前。目視右拳。

　　上步與搬拳要同時完成。

　　【易出偏差】踩腳時，右腿挺直。

　　【糾正方法】右腳應輕輕著地，膝部微屈。

　　踩腳與搬拳為呼氣。

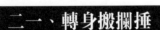

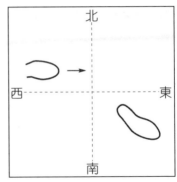

身體右轉，重心前移，右腳踏實，左腳跟提起。同時隨轉體右臂內旋向下、向後收至右胯旁，拳心向下；左手由左向、上向前畫弧至體前，掌心向右，掌指向前。目視左手。

重心前移與兩臂旋轉要協調一致。

【易出偏差】只旋臂不轉腰，重心前移時，右腿直挺。

【糾正方法】以腰的轉動帶動兩臂旋轉；右膝部放鬆微屈。

二一、轉身搬攔捶
（六）上步攔掌

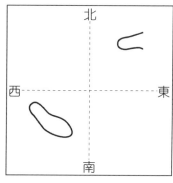

　　重心前移，身體微左轉，左腳提起，向前上步，腳跟著地。同時左掌內旋，掌心向前下方，指尖向前，攔於體前；右拳外旋，收於右腰旁，拳心向上。目視左手。

　　上步要輕，握拳要鬆。

　　轉體至上步為吸氣。

　　【易出偏差】左手攔掌，臂部僵直，右臀部外凸，左腿挺直。

　　【糾正方法】左肘部微屈，右臀內斂，左膝微屈。

二一、轉身搬攔捶

(七)弓步沖拳

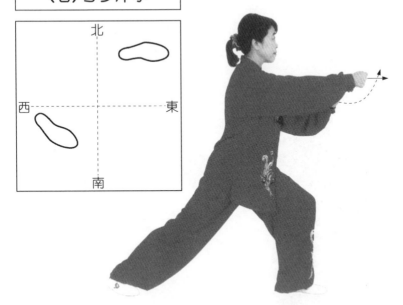

　　重心前移，左腿屈膝前弓，右腿自然伸直，成左弓步。同時右臂內旋向前沖拳，拳眼向上，與胸同高；左手微內收附於右前臂內側，掌心向右，指尖斜向上。目視右拳。

　　沖拳時，右肩隨拳略向前引伸，沉肩垂肘，右臂微屈，不可過於伸直。

　　【易出偏差】沖拳時，上體前傾。

　　【糾正方法】弓步時，上體向前平移，頭部虛虛上頂。

　　弓步沖拳為呼氣。

　　【攻防含義】設對方以左拳向我擊來，我則以右臂將其左拳搬化；對方再用右拳擊我胸部，我即以左掌下按其拳；同時握拳以拳背擊打對方面部；若對方用右拳擊我胸部，我即以左手向右攔其臂，並上步以右拳擊其胸、肋部。

二二、如封似閉

(一)伸手旋臂翻掌

　　左手由右腕下向前伸出，兩臂外旋，右拳變掌，兩手心逐漸翻轉向上緩緩分開，與肩同寬。目視兩手。

　　左手前伸時，應鬆肩垂肘，兩臂不可僵直。

　　【易出偏差】突然翻掌。

　　【糾正方法】左手前伸後，應邊分手邊翻掌，不應突然加速。

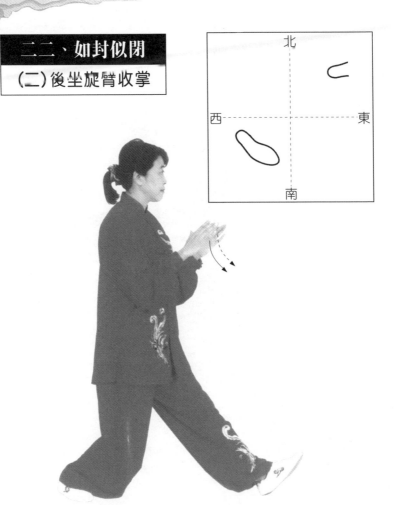

三二、如封似閉
（二）後坐旋臂收掌

北

西　　　　　　　東

南

　　身體後坐，左腳尖翹起，重心移至右腿。同時，兩臂
內旋屈肘，兩掌回收至胸前，兩掌心斜相對。目視前方。

　　兩臂內旋收掌時，肩肘部略向外鬆開，不要直接抽回。

　　【易出偏差】身體後仰或臀部後凸。

　　【糾正方法】身體後坐時，右腿膝部微屈，上體要端
正、向後平移。

　　伸手至收掌為吸氣。

二二、如封似閉
(三)沉腕下按掌

兩臂繼續內旋，兩腕下沉按至腹前，掌心向下，指尖向前。目視前方。

兩掌下按時，應以垂肘帶動前臂與掌向下按。

【易出偏差】兩掌下按過低，降至胯前。

【糾正方法】兩掌應按達腹上方。

二二、如封似閉
(四)弓步前按掌

北

西 ─── 東

南

　　重心前移，左腿屈膝前弓，右腿自然伸直，成左弓步。同時兩掌向上、向前推出，腕部與肩平，手心向前，指尖向上。目視前方。

　　兩手推出時寬度不要超過雙肩，肘微下垂。

　　【易出偏差】重心過於前傾，上體前俯。

　　【糾正方法】要鬆腰鬆胯，保持上體端正；重心前移時整個上體向前平移。

　　沉腕至按掌為呼氣。

　　【攻防含義】設對方用雙手向我打來，我即以雙手將其兩臂分開，隨即用兩掌推按其胸部。

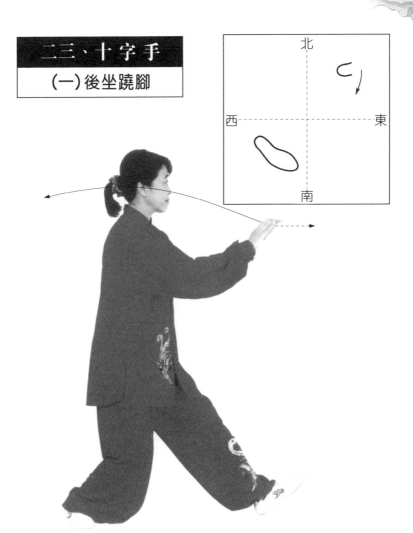

二三、十字手

（一）後坐蹺腳

北

西　　　　　東

南

右腿屈膝，上體後坐，重心移至右腿，左腳尖上蹺。
目視前方。

右腿屈膝與右腳尖上蹺要協調一致。

【易出偏差】後坐時臀部外凸，左腿過挺直。

【糾正方法】重心後坐時，要屈膝斂臀，整個上體向後
平移；左腿自然伸直，膝微屈。

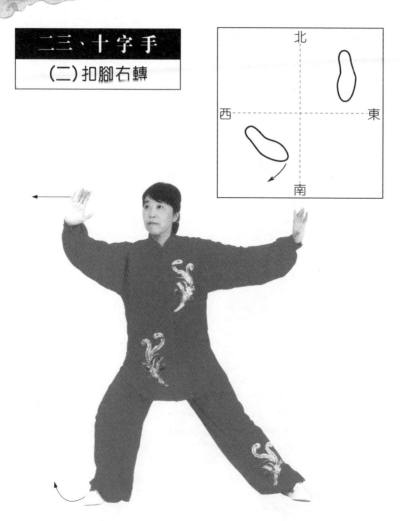

二三、十字手
(二)扣腳右轉

　　左腳尖內扣，全腳踏實，身體微向右轉。隨轉體兩手向右畫弧分別至兩側前方，約與肩同高，掌心向前。目視前方。

　　扣腳、轉體與兩手右畫弧，應同時完成。

　　【易出偏差】扣腳不到位，兩手畫弧動作過慢。

　　【糾正方法】要鬆腰鬆胯，以腰的轉動來帶動左腳尖裏扣和兩手右畫弧；左腳尖裏扣的方向與起勢方向應一致。

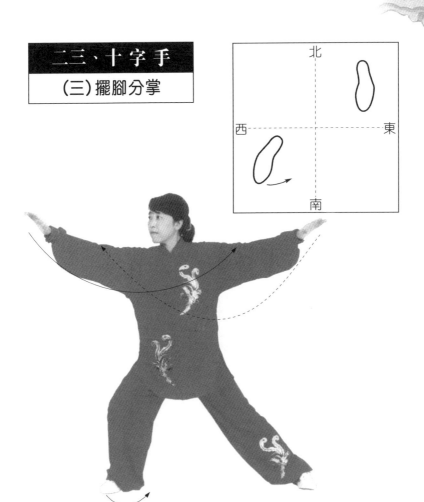

二三、十字手

(三)擺腳分掌

　　體右轉，隨轉體右腳尖稍向外擺，成右側弓步。同時右手向右平擺畫弧，左手稍向左分展，兩臂成側平舉約與肩同高，掌心均向前，肘部微屈。目視右手。

　　兩手分開時，身體不可前傾。

　　【易出偏差】兩臂後拉與肩成一條直線。

　　【糾正方法】兩臂分展時，胸應微內含，使兩掌舉於上體的兩側前方，保持弧形。

　　後坐至分掌為吸氣。

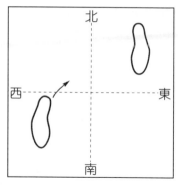

二三、十字手
(四) 左轉合抱拳

　　重心緩緩移至左腳，右腳尖向內扣。隨重心左移，兩手外旋向下經腹前向上畫弧，兩手交叉合抱於胸前，右手在外，左手在內，手心均向後，腕高約與胸平。目視前方。

　　兩手合抱時，上體端正，兩臂須圓滿舒適，沉肩垂肘。

　　【易犯錯誤】合抱過程中出現低頭俯身和凸臀現象。

　　【糾正方法】兩臂合抱時，上體應自然端正，頭要微微上頂，下頦稍內收，鬆腰胯，注意斂臀。

二三、十字手
(五)收右腳

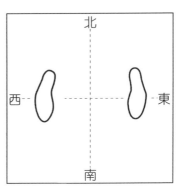

上體微向右轉，右腳提起，向左收步，腳掌先著地，然後全腳踏實，兩腳距離與肩同寬，腳尖均朝前，成開立步。目視前方。

收腳時重心要穩，上體保持端正。

【易出偏差】收腳時上體右傾，胯向左凸。

【糾正方法】收腳時強調重心立於左腿，鬆腰胯。

由抱掌至收腳為吸氣。

【攻防含義】設對方向我右側擊來，我先轉向右側，後向左合，兩臂一開一合，均以掤勁掤在對方兩手腕內側，以分其力，使其不得進。

　　兩臂內旋，兩手同時向外翻掌分開，與肩同高同寬，掌心向下，指尖向前。目視前方。

　　兩手外分應以肩帶肘，以肘帶手。

　　【易出偏差】旋臂抬肘引肩上聳。

　　【糾正方法】兩肩須鬆沉。

　　旋臂分掌為吸氣。

二四、收　勢
（二）收身落掌

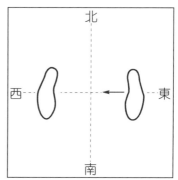

北

西　　　　　　東

南

　　隨著兩腿緩緩伸直，兩臂緩緩下落，兩掌分按於兩腿前側，指尖均向前。目視前方。

　　兩手下落時，全身放鬆；同時使氣徐徐下沉於丹田。

　　【易出偏差】落掌時兩臂僵直。

　　【糾正方法】有意識地先鬆肩、後垂肘，再坐腕落掌。

二四、收　勢
（三）收步還原

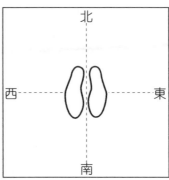

北
西 ---- 東
南

　　重心移至右腿，左腿提起向右腿靠攏，併步站立。兩腕鬆垂，兩手分收於身體兩側，掌心向內，指尖向下。目視前方。

　　兩腳併攏，兩手收至兩腿外側後，更做到全身放鬆。

　　【易出偏差】兩腿相併時，膝部僵直，氣往上引。

　　【糾正方法】膝部放鬆，待呼吸平穩後再走動或休息。

　　落掌至還原為呼氣。

附一　練功前熱身運動

從事任何體育運動，都需要有一個預備過程，使運動員心理、生理各方面作好充分準備，方能進行訓練或競賽，也就是常說的「熱身運動」。

太極拳是強調鬆柔的拳術，在運動中要求氣血暢通、周身放鬆。因此在練習套路前，要求練功者透過熱身運動，把全身臟腑、經絡、骨骼、肌肉、關節都充分調動起來，俗稱「活動開」，以便全身心地投入練功，才能防止意外損傷，才能提高練功效果。

本書編寫者根據太極拳傳統熱身方法，結合合肥市武協教練員的教學實踐，整理了以下這套熱身方法，供廣大太極拳愛好者參考。不當之處，懇請指正。

（一）踝、腕部運動

先是重心由左腿支撐，右腳尖點地，以右踝關節為軸，腳脖向前向內向後向外環形旋轉若干次，再向相反方向旋轉若干次；隨即換右腿支撐，左腳尖點地，以左踝關節為軸依上法旋轉若干次。在踝關節旋轉的同時，兩手十指交叉在胸前不停前後旋轉扭動。

（二）頭、頸部運動

雙足開立，與肩同寬，腳尖向前，雙手分別叉於腰旁，上體端正，頭隨頸部向前、向後擺動若干次；接著向左平轉 90°、向右平轉 90°各若干次；接著頭隨頸向前向左向後向右環形擺動若干週，再依相反方向擺動若干週。

（三）肩、臂運動

雙足開立，腳尖向前，左手叉腰，右臂以肩為軸，在體側向後向上向前向下畫立圓若干次，隨即向相反方向畫立圓若干次；然後換左臂依法畫兩個立圓各若干次。接著雙臂左先右後同時向前畫立圓若干次，再向後畫立圓若干次。接著，兩臂平舉，兩腕放鬆上下抖動若干次。再以雙臂平舉，以肘關節為軸，在體前同時向上向內向下向外畫立圓若干次；最後也雙臂平舉兩腕放鬆上下抖動若干次。

（四）胸、背運動

雙足開立，腳尖向前，兩手握拳側平舉，屈收至胸前，拳眼向內，拳心向下；上體先向左90°、後向右90°各轉動若干次。接著，雙手握拳下垂，手心向內，隨雙臂左右擺動，右手向前向內用拳心叩擊臍部，左手向後向內用拳背捶擊腰部，左、右手交替叩、捶若干次。

接著，擺動幅度加大，右拳再向上向內用拳心叩擊胸部，左拳向後向內用拳背捶擊背部，左、右手交替叩、捶若干次。接著，擺動幅度更大，右拳向上向左向下用拳背捶擊肩部，左拳向後向上向內用拳背捶擊上背部，左、右手交替捶擊若干次。

（五）肋部運動

雙足開立，腳尖向前，左手背置於腰部，右手掌心按於腦後，上體頻頻向左側彎曲，在壓縮左肋部的同時拔伸右肋部，共若干次。接著，雙手交換，上體按相反方向彎曲若干次。

（六）彎腰運動

雙足並立，兩手從身體兩側上舉到頭頂，雙手手指交叉，隨上體前俯雙手在體前下落，雙掌心向下，雙腿自然伸直，頭下俯近膝，盡力使雙手掌接近地面若干次。然後雙手向後圍抱兩腿腓腸肌下，頭俯壓於膝前片刻，再放手起立。

（七）胯部運動

雙足開立，腳尖向前，雙手叉腰，胯部按水平面從左向後向右向前作環形扭轉若干次。接著按相反方向作環形扭轉若干次。

（八）膝部運動

雙足開立，屈蹲，腳尖向前，雙手分按兩膝，使雙膝同時先從右向左作水平面環形旋轉若干次，再從左向右旋轉若干次；接著，雙手按雙膝同時從內向外作水平面環形旋轉若干次，再從外向內旋轉若干次；接著，雙手按雙膝，身體上下起落若干次。

（九）腿部運動

1. 單壓腿

右腿屈膝半蹲，左腳向前上半步並伸直，腳跟著地、腳尖上翹，臀後坐，以手附於左腿膝蓋處，上體前傾，按壓若干次。隨即左腳回收屈膝半蹲，右腳向前上半步並伸直如前法按壓若干次。

2. 雙壓腿

雙腳並立，腳尖向前，雙手上舉於頭前方，十指交叉相合，隨上體前傾，雙手俯壓膝部若干次。

3. 弓步壓腿

右腿微屈支撐重心，左轉體，左腿向左側上步，屈膝前弓踏實，右腿自然伸直，成左弓步。左手按於左膝上方，右手叉於右腰部，沉胯下壓若干次；接著，右後轉體，成右弓步，如前法沉胯下壓若干次。

4. 仆步壓腿

左腿屈膝全蹲，腳尖稍外展；右腿自然伸直於體側，接近地面，腳尖內扣；兩手十指交叉置於左腳尖前，身體向下按壓若干次。接著，重心右移，右腿屈膝全蹲，成左仆步，壓腿若干次。

5. 踢腿

左腿獨立支撐重心，右腿自然伸直，腳尖勾起，向前向上擺踢；接著右腿獨立支撐，左腿依法擺踢。如此左、右交替擺踢若干次。

6. 拍腳

左腿獨立支撐，右腿自然伸直向前向上擺踢，腳面繃平，與此同時右手掌從額前迎拍腳面，共做若干次。接著，右腿獨立支撐，左腿自然伸直向前向上擺踢，左手掌從額前迎拍腳面，共做若干次。

7. 擺蓮腿

重心移至右腿，左腿在體前向右向上向左作扇形踢擺；與此同時，雙手平舉自體左側向前平擺，先後拍擊上踢的左腳面，發出雙響。接著，重心移至左腿，右腿依法作反向的扇形踢擺，雙手自體右側平擺拍擊。如此左、右

交替作扇形踢擺共若干次。

（十）全身放鬆運動

1. 頭部放鬆活動

雙足開立，雙掌掌心分別按揉左、右太陽穴若干圈；接著，兩掌置於頭部上方，十指前端分別叩擊頭部至後頸部中線兩側諸穴位若干次；接著，雙掌掌心順後頸部抹至前頸部，雙手左上右下同時用拇、食指按捏咽喉部若干次。

2. 面部放鬆活動

雙足開立，雙手掌心相對搓揉至掌心發熱，雙掌相疊（左掌在外，右掌在內）、輕揉額部若干圈；再分掌輕揉兩頰及兩腮。接著，雙手食指沿上、下眼眶輕揉若干次；再以兩食指前端上下交叉搓按鼻梁兩側，配合深長的鼻吸鼻呼，利用具有一定力度的氣流沖刷，促使整個呼吸道氣血通暢，調動呼吸道黏膜血管的免疫功能。接著，以左、右手拇指和食指分別夾按上、下唇及腭齒部若干次；再以雙掌由下頦摩擦耳殼若干次，以雙掌根分別按壓耳門若干次。

3. 腹部及身體前後放鬆

雙足開立，兩掌相疊（左掌在外，右掌在內），以丹田為中心，先順時針方向在腹前按摩若干圈，再逆時針方向在腹前按摩若干圈。接著掌心向內，雙掌收至胸前，隨屈膝緩緩下蹲而循體前左右同時向下按抹至兩腿踝部，然後雙掌由踝前轉向踝後（掌心向內），隨身體徐徐起立而經小腿向上按抹至腰部後，以掌背輕輕捶擊腰後若干次。

4. 屈身放鬆活動

雙足開立，腳尖向前，兩臂外旋，雙手分別從體側上舉至頭前上方，雙掌相合十指交叉，屈膝下蹲，同時雙掌循體前下按至小腿前，掌心向內合抱於小腿前下端，身軀儘量蜷曲使椎柱各關節拔長拉鬆若干時間，然後釋手緩緩起立。

5. 轉體甩臂放鬆活動

雙足開立，腳尖向前，兩腿屈膝上、下起落，體隨起落向左、右各作 90° 轉動，上體左轉時右手上舉用掌心拍擊左肩胛板處，左手後擺用掌背拍擊右後肋處；上體右轉時，左手上舉用掌心拍擊右肩胛板處，右手後擺用掌背拍擊左後肋處，如此反覆共若干次。

附二 太極拳訓練的基本技術和要求

（一）手 型

1. 拳

五指蜷曲，自然握攏，拇指壓於食指、中指第二指節上。握拳不可太緊。

2. 掌

五指微屈而分開，掌心微含，虎口成弧形。手指不可伸直也不可過於彎曲。

3. 勾

五指各第一指節撮攏，微屈腕。勾手不可僵滯，不可抬肘；腕關節要鬆活，不可僵持。也可拇指、食指和中指捏攏，無名指和小指屈收於掌心。

勾

劈 拳

（二）手　法

1. 掤

手向前，手心向內；
掤出的臂必須呈弧形（不
可過曲或伸直），高不過
口，肘關節稍低於手（不
可抬肘提腕）。向前的手

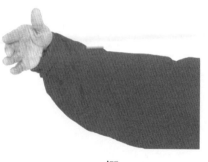

掤

指既不可疲軟無力，也不可僵直。後一手可按在體側；也
可隨前手同時掤出，兩臂保持弧形。力點應在前臂。

2. 捋

兩手手心相對，一前一後在轉腰帶動下，從體前向一
側走弧線下捋至斜後方。不可將手向後直抽，也不可將臂
緊夾腋肋。隨體轉，前腿由前弓至伸直，重心後坐，上體
保持端正，不可前俯後仰或左右歪斜。

3. 擠

兩手一前一後從胸前同時向前擠出，手心均向內，兩
臂向前撐圓，前臂高不過口（不可聳肩抬肘，舉臂過
高）。前擠要與弓腿、鬆腰協調一致，力點在前臂。

4. 按

原撐圓的兩臂由內旋使手心向下，隨體後坐而兩手回
收至胸前，再隨一足前弓重心前移而雙手由後向前向上走
弧線推按。按時指尖向上，手腕微塌，高不過胸、低不過
腹，腕指鬆軟，不可抬肘直臂。

5. 沖拳

出拳之臂不可伸直，拳要由腰間向前邊旋臂邊打出，
高不過肩，不可聳肩、抬肘、夾腋。平沖拳拳心向下；立

平沖拳　　　　　立沖拳　　　　　推　掌

沖拳拳眼向上；搬拳則拳心向上。握拳
不可太緊，拳要鬆活，力點在拳面。

　6. 推掌

　掌須經耳旁向前推出，不是由上向
下劈打，臂不可挺直，手高不過眼、低
不過肩，腕指鬆軟，不可夾腋夾臂。

　7. 抱掌

　兩臂保持弧形，不可過於屈曲；肘
下垂，不可上抬；兩掌手心相對合抱；
兩腋須留有空隙，不可夾緊。

抱　掌

　8. 分掌

　兩掌向斜前方與斜後方（或斜上方與斜下方）分開，
前手停於頭前或體前，後手按於
胯旁，兩臂微屈成弧形。

（三）步　型

1. 弓步

　前腿全腳著地，屈膝前弓，

弓　步

簡化太極拳分解教學24式

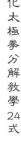

膝面不可超過腳尖，亦不可不達腳背；後腿自然伸直，仝腳著地，腳尖外擺斜向前方（約 45°）；鬆腰鬆胯，兩腳橫向距離 10～20 公分。上體保持端正，不可前俯或後抑。

虛 步

2.虛步

腿屈膝半蹲，全腳著地，腳跟不可離地，腳尖斜向前；另一腿在前，膝微屈，不可僵直，腳掌或腳跟點地。鬆腰鬆胯，兩腿間橫向距離約 10 公分。

仆 步

3.仆步

一腿全蹲，膝和腳尖稍外撇；另一腿自然伸直，平鋪接近地面，腳尖內扣。兩腳均全掌著地，不可後跟離地或掌側掀起。

4.獨立步

一腿自然直立，另一腿屈膝提起，大腿高於水平，小腿自然下垂，腳斜向前方。

另一種是提起的腿膝外展，腳尖內扣上翹，腳掌斜向側前方。

右獨立步

另一種左獨立步的右腳姿勢

另一種右獨立步的右腳姿勢

5. 馬步

兩腳開立下蹲，兩腳之間的距離為腳長的 2～3 倍，兩腳尖向前微外展約 30°，兩膝隨同腳尖方向，屈膝不可超過腳尖。鬆腰鬆胯，上體保持端正沉穩，臀不上凸。

6. 半馬步

一腳腳尖向前，另一腳腳尖向側方，其餘要求同馬步。

7. 丁步

一腿屈膝半蹲，重心在屈膝腿上；另一腿屈收，腳掌點於支撐腳內側相距約 10 公分處。

8. 歇步

兩腿交叉，屈膝全蹲。前腳腳尖外撇，全腳著地；後腳腳尖向前，腳跟離地。臀部接近後腳跟。

馬 步

半馬步

丁 步

歇 步

9.側弓步（橫襠步）

兩腳斜平行（斜度不超過 45°），一腿屈膝側弓，另一腿側向開撐，自然伸直。兩腳均全掌著地，不可提跟掀掌。

側弓步

（四）步　法

1. 上步

一腿支撐重心；另一腿提起經支撐腿內側向前上步，腳跟先著地，隨重心前移而全腳著地。

2. 退步

一腿支撐重心；另一腿經支撐腿內側退一步，腳前掌先著地，隨重心後移而全腳著地。

3. 跟步（跟半步）

隨重心前移而後腳跟進半步（仍在前腳之後），前掌先著地，隨重心後移而全腳著地。

4. 平行步

兩腿平行橫向分開，兩腳相距約與肩同寬，腳尖均向

上步一

上步二

上步三